RÉVÉLEZ
LA VOYANTE
QUI SOMMEILLE EN VOUS

Éditions Ellébore
5, rue de Charonne, 75011 Paris

Crédits iconographiques :
Couverture : © Shutterstock - Marish
Pages d'ouverture de chapitres : © Shutterstock – Walnut Bird
Illustrations intérieures :
Picto œil : © Shutterstock – Vlada Young
Picto main : © Shutterstock – Madiwaso
Picto étoile : © Shutterstock – Twilight Sparkle
Picto lune : © Shutterstock – NotionPic
Roue des signes du zodiaque : © Shutterstock – Twilight Sparkle
Autres illustrations (soleil, main, boule de cristal, œil, arbre) :
© Shutterstock – NotionPic

Directeur : Édouard Frison-Roche
Directrice éditoriale : Katia Kaloun
Édition : Marine Bourasseau, assistée de Marion Vergnolle
Création graphique et mise en pages : Coline Cayzac

ISBN : 979-10-230-0239-3

Floriane Arzouni

RÉVÉLEZ LA VOYANTE QUI SOMMEILLE EN VOUS

Le guide pratique pour développer votre médiumnité

Ellébore

Je dédie ce livre à toutes les femmes qui souhaitent s'épanouir et vivre dans la spiritualité.

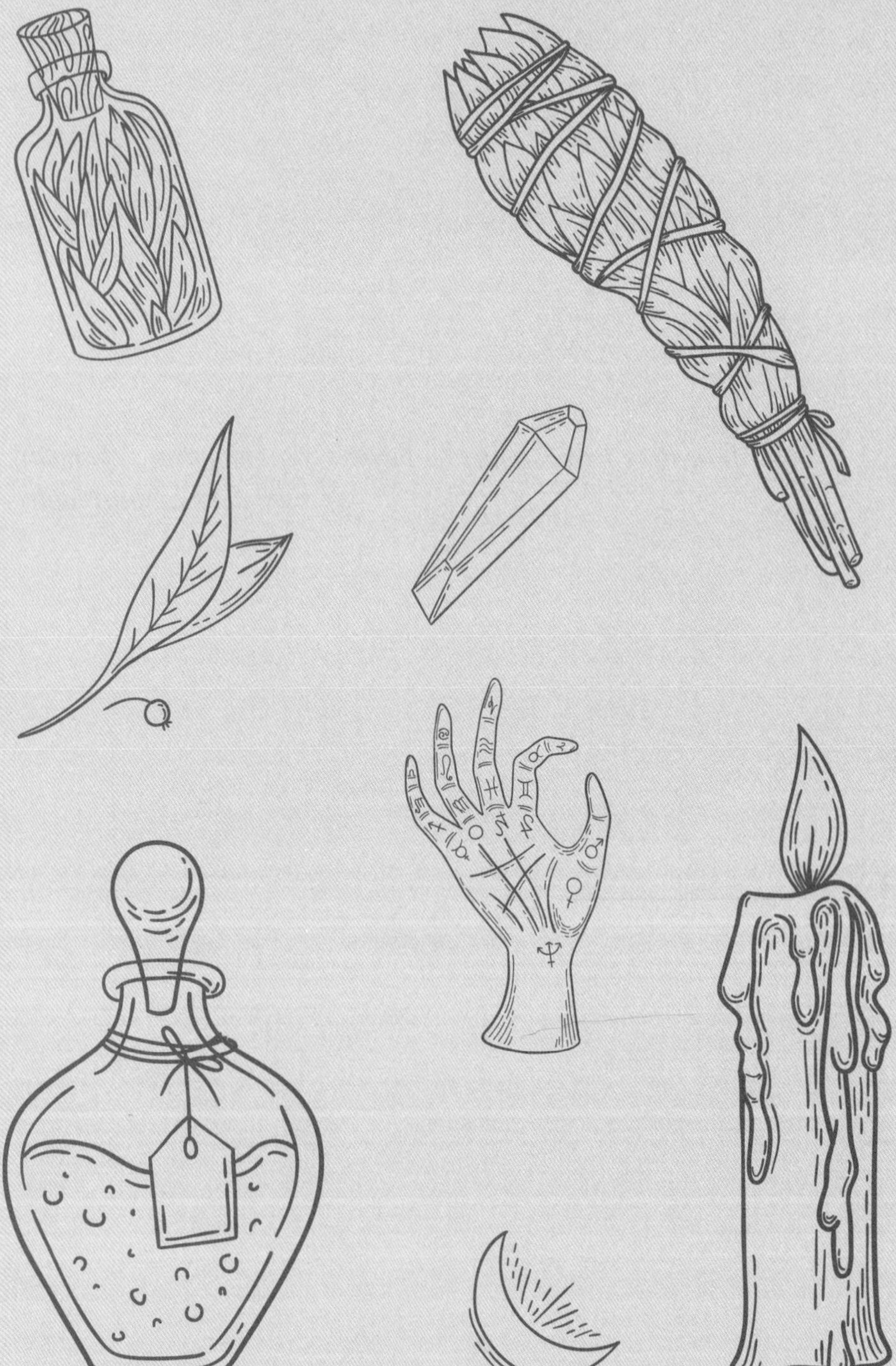

SOMMAIRE

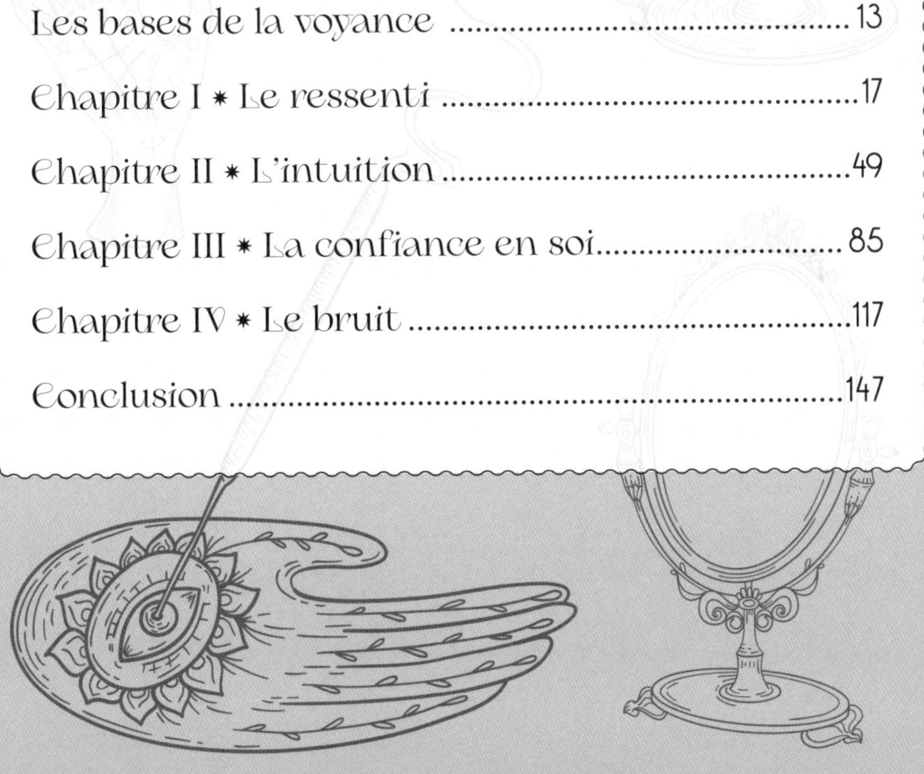

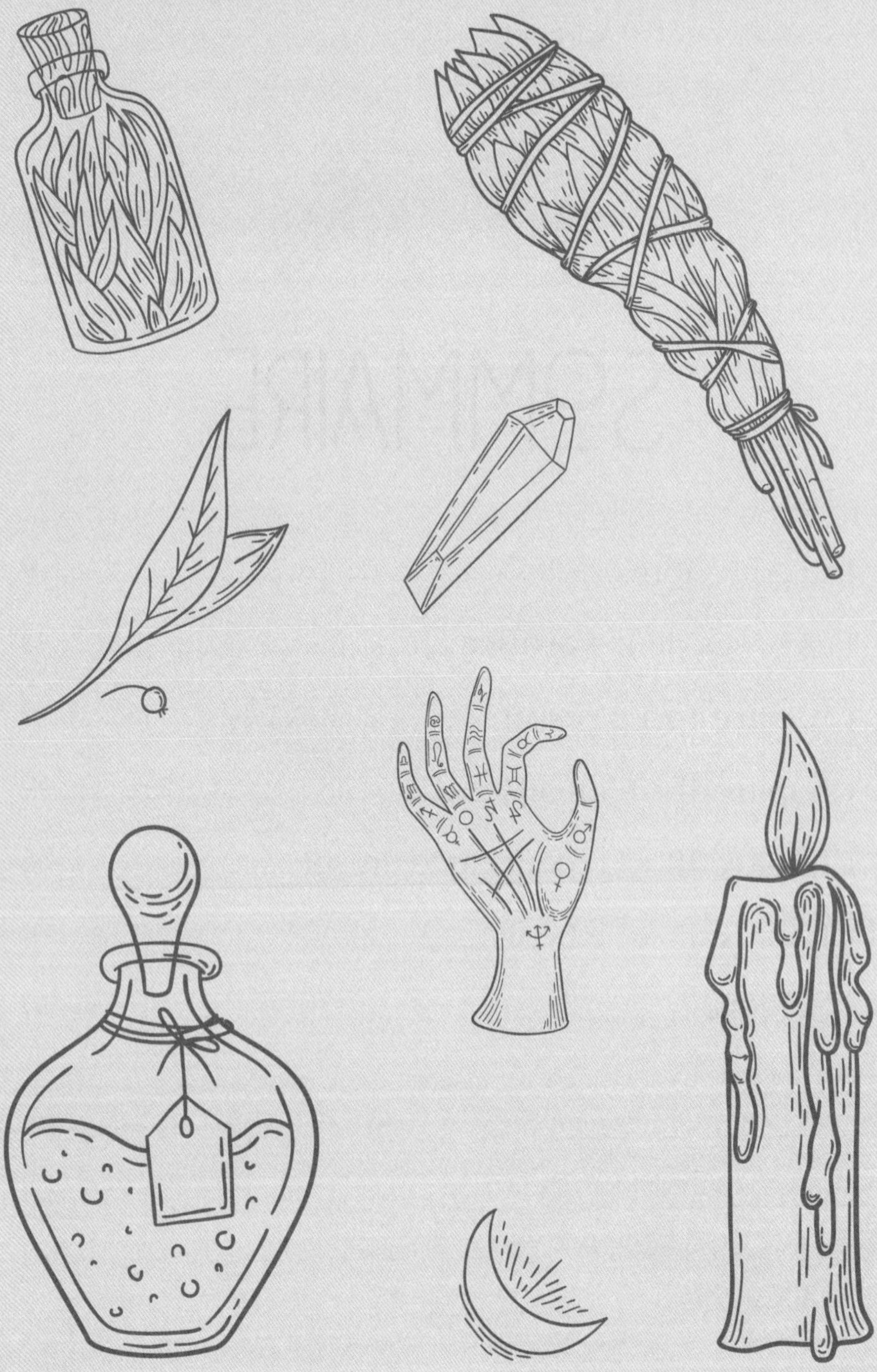

INTRODUCTION

Voici un livre de tests pour vous familiariser avec la voyance. Vous allez apprendre à vous écouter, à travailler sur vos intuitions, à faire confiance à vos visions ainsi qu'à vos prédictions ! Et tout cela en passant par divers QCM, qui seront là pour vous guider.
Ce livre vous servira à en apprendre davantage sur votre Moi intérieur, à faire sortir la voyante qui est en vous afin de pouvoir éclairer votre chemin de vie et ainsi vivre encore plus sereinement. Cette touche de spiritualité supplémentaire embellira vos journées et favorisera vos demandes d'abondance.
Ces tests, 100 % féminins, représentent l'essence même de tout ce qui englobe votre être. En bonus, à la fin de chaque chapitre, un petit rituel vous est proposé afin de ne plus être seulement dans la théorie, mais de passer à la pratique sur le moment présent.

Durant toute mon évolution spirituelle et personnelle, j'ai cherché des réponses à des questions existentielles : les raisons pour lesquelles je ressentais telles émotions face à une personne, pourquoi une peur m'envahissait dès que je me retrouvais seule dans mon lit, et surtout pourquoi je captais des choses extrasensorielles. J'ai obtenu ces réponses grâce à mon envie de me connaître, de canaliser mon énergie et surtout d'être en paix avec mes particularités que sont la médiumnité et la voyance. Ces atouts ouvrent un éventail infini de manières d'appréhender notre monde et les gens qui croisent notre chemin ; le tout est d'ouvrir cette porte encore fermée en vous pour pouvoir vivre en osmose avec tout ce qui vous a construite jusqu'à présent : votre vécu est votre futur.
Ces pages ne sont pas uniquement ludiques : elles vous permettront d'entrer encore plus profondément dans votre sphère privée, dans votre esprit et, surtout, dans votre cœur. Être à l'écoute de vos émotions et des autres est la clé pour avancer sereinement dans cette si jolie vie.

Vous êtes prête ? Allez, OSEZ !

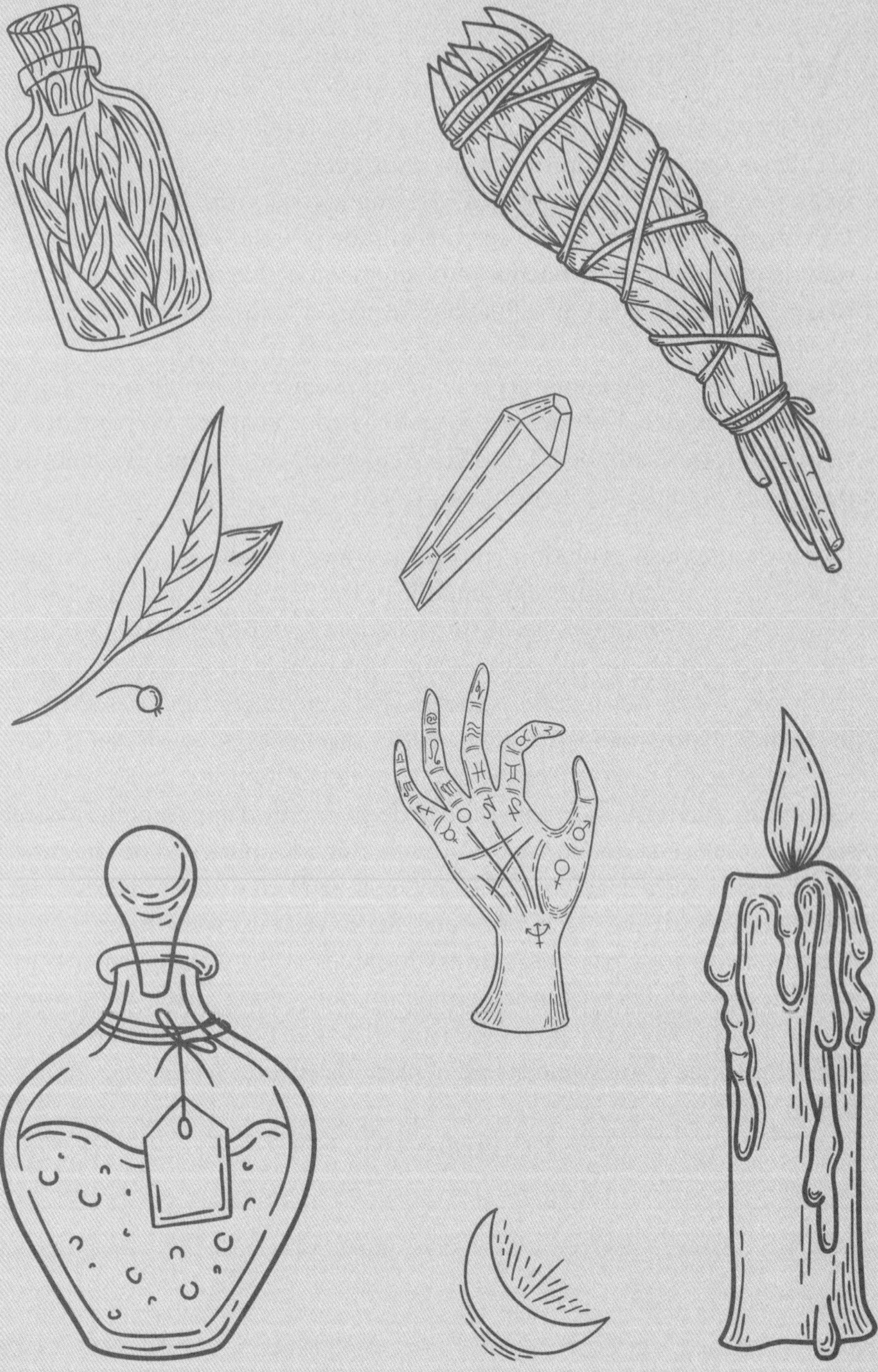

LES BASES DE LA VOYANCE

Qu'est-ce que la voyance ? Il s'agit de la sensibilité à tout ce qui touche au monde de la spiritualité extrasensorielle, c'est-à-dire au ressenti des énergies (bonnes et mauvaises) et aux flashs (passé, présent et futur). Cette particularité permet d'obtenir des réponses à des questionnements. Vous avez d'ailleurs sans doute déjà entendu, au moins une fois dans votre vie, une personne de votre entourage dire : « Je vais voir une voyante ! »

La clairvoyance peut être un don de naissance, mais elle peut également se travailler tout au long de l'existence. Pour la plupart des gens, ce domaine spirituel peut paraître un peu farfelu car impalpable, mais il existe et fait partie de nous depuis la nuit des temps. Il y a fort à parier que, engluées dans notre société aisée et ses facilités, nous n'utilisions pas toutes les ressources de notre cerveau, alors imaginez le potentiel immense qui dort en vous et qui n'attend qu'à être exploité !

Nous nous posons souvent les questions suivantes : par où et par quoi dois-je commencer ? Est-ce mon imagination qui parle pour moi ? J'entends un bruit chez moi : est-ce un esprit ou le chat qui pousse la porte ? Suis-je folle parce que quelqu'un me parle dans ma tête ? Suis-je asociale car je n'ai pas de feeling avec certaines personnes ? Si je vais dans un cimetière, vais-je ramener les âmes des morts qui s'y trouvent ?

Arrêtons de nous poser mille questions qui bloquent toute évolution spirituelle et avançons pas à pas, avec le sourire et dans la bonne dynamique.

Nombreux sont les outils et méthodes qui existent en ce qui concerne les prédictions. Il y a par exemple le tirage de cartes, qui permet d'y voir plus clair dans notre chemin de vie, ou encore les lignes de la main, qui en disent long sur notre personnalité. Bien d'autres procédés peuvent être travaillés ; seul le support de lecture change. Afin de connaître notre sensibilité pour l'un ou pour l'autre, il suffit d'essayer chaque outil. Pour ma part, je travaille avec le support photo qui est, à mon sens, le plus parlant, car tout trouve son origine dans les yeux de la personne ou dans l'âme d'un lieu. Les cartes des tarots et oracles sont aussi un merveilleux support, car leur visualisation aide au ressenti.

Par exemple, lorsque je me connecte à l'énergie d'une personne *via* le support photo, je ressens instantanément ce qu'elle dégage. Tel un film qui se déroule dans ma tête, je vois des images, des souvenirs, le tout de façon chronologique. Il m'arrive également d'entendre une musique particulière, de sentir une odeur précise… Toutes ces « preuves » font partie soit de la vie de la consultante, soit de celle du défunt, si la personne m'a appelée pour entrer en contact avec un être disparu.

Enfin, il est important de sortir de certains clichés concernant la voyance : nous ne sommes plus en l'an 1600, ni au Moyen Âge. Sachez que tout évolue, que ce soient les différentes pratiques, les énergies ou les êtres vivants. Durant votre lecture et vos tests, essayez d'oublier un court instant ce à quoi la société matérielle vous a habituée, tentez de sortir de ces croyances qui peuvent limiter votre ouverture d'esprit. Je ne parle pas de religion, mais de vous, de tout ce que vous avez emmagasiné comme informations jusqu'à aujourd'hui et qui se sont révélées limitantes parce que vous aviez « peur de », par « crainte de ».

Sentez-vous libre d'être vous-même et prenez les tests suivants comme un jeu ludique qui vous guidera sur le chemin de votre destinée.

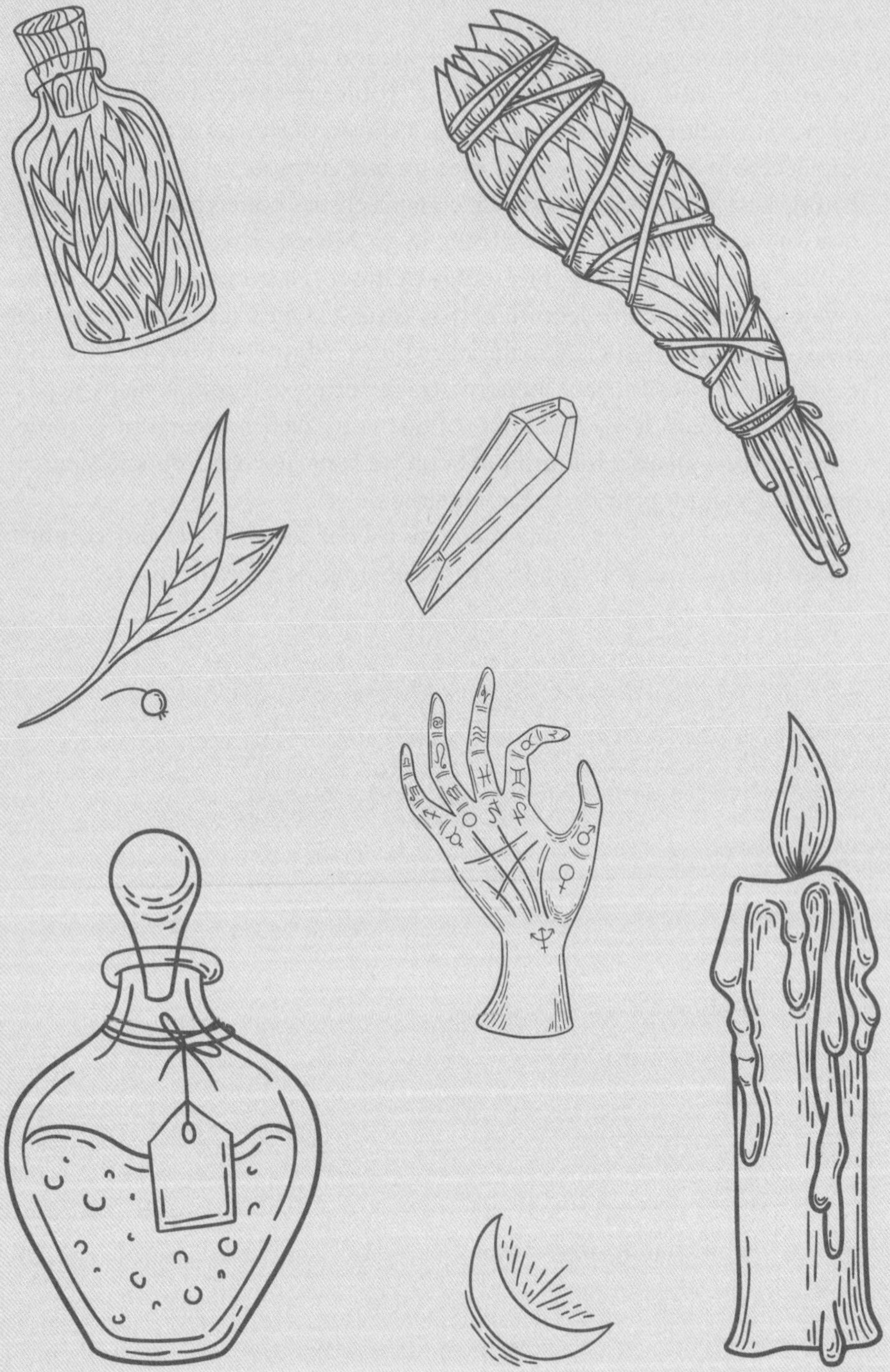

CHAPITRE I

✷

LE RESSENTI

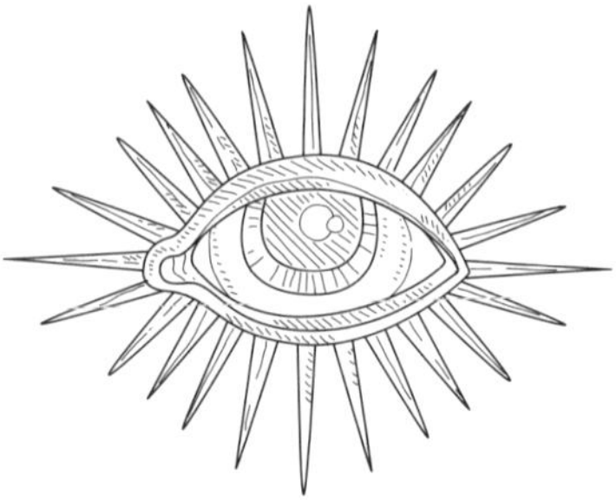

Test 1 ✸ Testez votre ressenti face aux gens

Et si vous testiez votre ressenti ? Le ressenti est notre bouclier, notre petite lumière blanche, notre guide intérieur qui nous dit où aller et comment y arriver. Il est très important de lui faire confiance. Avez-vous remarqué que, lorsqu'une situation n'est pas positive pour vous, une alarme se met immédiatement en route dans votre tête ?
Le ressenti face aux gens vous permet de vivre une émotion, qu'elle soit positive ou négative. Être face à une personne pour la première fois donne le ton d'une amitié ou d'un éloignement, non pas à cause de vous, mais grâce au message que votre esprit et votre corps tentent de vous transmettre. Je ne le répéterai jamais assez : votre épanouissement commence dès lors que vous suivez votre intuition et votre feeling. Ce principe est très important, car il vous évite de vous mettre dans une situation de déconvenue. En effet, douter de son propre ressenti n'est pas la meilleure chose à faire, car vous passez à côté de ce que vous ressentez vraiment, alors qu'il est important de vous écouter. Vous ne vous tromperez jamais : votre voix intérieure sait exactement comment et quand vous guider. Que ce soit dans le domaine de la voyance, de la vie sociale ou professionnelle, prenez ce temps précieux pour vous écouter.
En voyance, le ressenti face aux gens est un atout lorsqu'il est écouté pour établir un premier « diagnostic » ; c'est la première chose qui compte. En effet, si les gens ont une carte d'identité nationale, ils possèdent également une carte d'identité spirituelle et énergétique. Prêter attention à ce qu'ils dégagent est déjà un grand pas dans votre évolution extrasensorielle.

MON EXPÉRIENCE

Un jour, je me suis retrouvée face à une personne négative et toujours dans le jugement. J'ai souhaité être à son écoute et me focaliser sur tout ce qu'elle pouvait dégager de positif, en vain. Je suis restée une heure à discuter avec elle, sans aucune issue. C'est ce jour-là que j'ai compris qu'il fallait toujours s'écouter, et surtout faire confiance à son ressenti ; sinon, on peut rapidement perdre son temps et son énergie.

Un autre soir, j'étais invitée chez des amis et l'un des convives, Jules, racontait sa vie à plein gosier. Il avait tout vu, tout fait, et connaissait tout sur tout. Une petite voix dans ma tête me disait : « Surtout, ne lui pose pas de question, surtout ne lui demande rien, sinon tu vas te retrouver coincée, à devoir tout écouter. » Écouter n'était pas le problème : le réel souci était d'être en face d'une personne pour qui ce qui comptait était elle et seulement elle, peu importe ce que j'avais à dire. Ma petite voix était bien présente mais, je ne sais pas ce qui m'a pris, j'ai eu une impulsion, une attirance du challenge… Ma bouche s'est ouverte et j'ai posé cette question tellement vaste : « Mais pourquoi ? » Cela a signé la fin de ma soirée : je suis restée à écouter son interminable réponse, sans aucun échange, car le monologue était son meilleur ami. Aujourd'hui, je souris en repensant à cette soirée, car j'en ai tiré la leçon suivante : le ressenti est primordial, il nous guide. Ce jour où j'en ai eu grand besoin, je ne l'ai pas écouté et je me suis retrouvée dans une situation peu sympathique que j'aurais facilement pu éviter.

LE TEST

Que faites-vous lorsqu'une personne que vous rencontrez ne vous semble pas très bénéfique ?

- 👁 Vous apprenez à la connaître.
- ☞ Vous fuyez.
- ✶ Vous vous dites qu'il ne faut pas juger.
- ☾ Vous n'y prêtez aucune attention.

Que faites-vous face à une personne que vous avez l'impression de connaître depuis toujours ?

- 👁 Vous ne vous en détachez plus.
- ☞ Vous décidez que c'est votre âme sœur.
- ✶ Vous éprouvez une fusion immédiate.
- ☾ Vous canalisez vos émotions.

Que faites-vous lorsqu'une personne a un comportement néfaste et injuste ?

- 👁 Vous n'en pensez rien car chacun a sa façon de faire et d'exister.
- ☞ Vous vous en éloignez.
- ✶ Vous vous dites que ce n'est pas grave et que tout le monde a le droit à l'erreur.
- ☾ Vous vous isolez et ressassez tout ce qui vous a blessée.

Que faites-vous lorsqu'une personne vous rabaisse ?

- 👁 Ce n'est pas important pour vous.
- ☞ Vous lui dites d'arrêter tout de suite.
- ✶ Vous perdez confiance en vous.
- ☾ Vous pleurez.

Que faites-vous lorsque vous rencontrez une nouvelle personne ?

- 👁 Vous lui confiez tout à votre sujet.
- ☞ Vous vous méfiez.
- ✶ Vous l'écoutez.
- ☾ Vous ne vous en préoccupez pas.

L'avis des autres est-il important pour avancer dans votre quête spirituelle ?

- 👁 Absolument pas.
- ☞ Vous en avez peur.
- ✶ Vous aimez écouter les conseils d'autrui.
- ☾ Vous préférez faire vos propres expériences.

Lorsqu'une personne vous parle de sa façon de voir la vie...

- 👁 Vous l'écoutez simplement.
- ☞ Vous estimez avoir un meilleur point de vue.
- ✶ Vous ne dites pas ce que vous en pensez réellement.
- ☾ Vous lui expliquez à votre tour votre façon de voir les choses.

Faites-vous attention à l'énergie qu'une personne émet, qu'elle soit positive ou négative ?

- 👁 Vous prêtez systématiquement attention aux énergies qu'une personne dégage.
- ☞ Vous n'y faites pas attention.
- ✶ En ciblant l'énergie d'une personne, vous savez exactement ce que vous pouvez lui apporter (soutien, oreille attentive, conseil ou aide).
- ☾ Vous essayez parfois de comprendre les énergies qui se dégagent d'une personne.

Pensez-vous que votre humeur peut vous guider sur le ressenti face à une personne ?

- 👁 L'humeur, comme les saisons, rythme vos ressentis.
- ☞ Vous fuyez une personne négative surtout si vous êtes de mauvaise humeur.
- ✶ Vous êtes à l'écoute de votre humeur, surtout lorsqu'elle est joviale.
- ☾ Vous ne prêtez pas attention à votre humeur.

Que ressentez-vous sur votre propre personne ?

- 👁 Vous n'avez pas d'avis sur la question.
- ☞ Vous vous aimez.
- ✶ Il y a des moments plus compliqués que d'autres.
- ☾ Vous aimeriez être plus dans l'empathie.

LES RÉSULTATS

Vous avez une majorité de

Il est très important que vous appreniez à faire barrage aux personnes toxiques. Sans cela, développer votre voyance sera compliqué, car vous allez vous retrouver face à des énergies négatives et fatigantes et, puisque vous êtes telle une éponge, tout ce que vous ressentirez sera retransmis dans votre corps. Or, il vous faut prendre soin de la première maison dans laquelle vous êtes née : vous. Attention donc à ne pas vous oublier. Vous reconnecter à votre essence même de femme, de fille vous sera primordial pour avancer sur le chemin de la spiritualité, car ce n'est pas parce que vous donnerez tout que vous recevrez autant, bien au contraire. Faites marcher votre cœur et non votre dévouement.

Comment faire barrage ?
La pierre : l'onyx permet d'éloigner les personnes nocives à votre sérénité.
L'encens : le Palo Santo permet de bien purifier l'âme lorsque celle-ci a été mise à rude épreuve, que ce soit dans le domaine professionnel, amical ou sentimental.
Le mantra à répéter régulièrement devant son miroir : « À partir d'aujourd'hui, j'existe et je vis. »

Vous avez une majorité de

Attention ! Il faut penser à vous ancrer car, à force d'être dans tous les extrêmes, les projets et l'ouverture spirituelle ne peuvent évoluer. Pourquoi ? Car vous êtes un peu comme une pile électrique qui ne se repose jamais et qui, par conséquent, ne se canalise pas. « Se canaliser » ne signifie pas changer de fonctionnement ou de personnalité, mais seulement tempérer votre réaction face à certains événements. Cela vous aidera considérablement à avancer et à évoluer dans tous vos ressentis. En prenant un certain recul, vous y verrez plus clair. Respirez et prenez plus de temps de réflexion.

Comment canaliser votre énergie ?
La pierre : le quartz rose permet de se poser et de se canaliser afin d'être plus en phase avec soi-même.
L'encens : le santal permet de se relaxer et d'entrer dans un bien-être calme.
Le mantra à répéter régulièrement devant son miroir : « Je prends le temps de vivre. »

Vous avez une majorité de ✶

Vous vous donnez corps et âme socialement parlant : pour vous, il est vital de bien s'entendre avec les autres et, si jamais des comportements ne vous paraissent pas normaux, vous les ignorez ! Ouvrez les yeux et écoutez-vous, car vous ne vous faites visiblement pas assez confiance et vous donnez toute votre énergie aux autres. Pourquoi ? Les gens ne vous verront pas d'un mauvais œil si vous osez dire « non ». En revanche, si vous ne dites rien et que vous ne vous écoutez pas suffisamment, vous finirez par vous sentir seule et vidée.
À partir d'aujourd'hui, il vous faut faire confiance à votre petite voix intérieure et écouter votre ressenti. Tout le monde n'est pas doté de gentillesse ni de bienveillance : il ne faut pas vous laisser envahir par ce besoin d'être bien vue.

Comment s'aider à se faire confiance ?
La pierre : l'agate mousse permet de renforcer sa confiance en soi et de s'accepter en éloignant ses peurs.
L'encens : le jasmin permet de développer la confiance et l'optimisme.
Le mantra à répéter régulièrement devant son miroir : « Mes pensées positives me rendent forte et heureuse. »

Vous avez une majorité de ☾

Vous subissez vos émotions et n'arrivez pas à vous sortir de situations qui, au premier abord, paraissent difficiles, mais ne le sont finalement pas. Tout est amplifié et exagéré. Se créer des scénarios est uniquement bon pour écrire des films ; ils peuvent être la clé de vos rêveries, mais également le fardeau de vos nuits, causant insomnies et angoisse. Vous n'avez plus besoin de vivre tout cela.
Ce qui doit arriver arrive à un moment opportun pour vous. Laissez-vous aller et lâchez prise. Grâce à cet allègement, vous serez prête à vivre avec sérénité et tranquillité.

Comment lâcher prise ?
La pierre : l'aigue-marine permet de relâcher les émotions afin de se focaliser sur le moment présent, et non sur le « et si ».
L'encens : l'ambre permet une détente immédiate grâce à son odeur, mais aussi un réel apaisement grâce à ses vertus enveloppantes.
Le mantra à répéter régulièrement devant son miroir : « J'arrête aujourd'hui d'imaginer le pire de demain. »

PLACE AU RITUEL

Avant d'avoir confiance en votre ressenti, il vous faut apprendre à vous faire confiance, à faire confiance à la machine qui vit en vous et qui permet à votre corps et à votre esprit de vivre pleinement l'instant présent. Commencez par fermer les yeux. Dites-vous que vous seule pouvez savoir ce qui se passe dans votre tête et dans votre corps. Nulle autre personne ne peut vous imposer sa forme de réflexion ou sa façon de vivre. En vous détachant de la pensée collective, vous imposerez à votre Moi intérieur la liberté d'être vous-même. La voyance commence par la confiance en vous, pour vous permettre ensuite d'acquérir la confiance en vos visions.

Au réveil, sept matins d'affilée, allumez une bougie blanche et récitez cette phrase : « Je suis un être unique, je suis seule responsable de mon ressenti, je me fais confiance. C'est ici et maintenant que tout commence. Je suis prête. »

PLACE À LA PRATIQUE

Se faire confiance – et surtout s'écouter – est la clé d'une bonne maîtrise de son ressenti. Ainsi, vous ouvrez en vous une porte lumineuse et bienfaitrice qui est l'essence même de vos pensées.

Lorsqu'une personne ne vous semble pas bienveillante sans même lui avoir adressé la parole, posez-vous la question suivante : pourquoi ressens-je cela ? Ensuite, concentrez-vous sur ladite personne et sur ses énergies (ce qu'elle dégage), et demandez-vous quel est votre ressenti. Être à votre propre écoute signifie être apte à mettre des mots sur vos émotions et sur les fameux sentiments qu'une autre personne vous transmet.

Dès à présent, respirez et focalisez-vous sur ces émotions, mettez des couleurs, des images et des mots dessus : ils vous guideront pour comprendre ce que la personne dégage comme onde énergétique, qu'elle soit bonne ou mauvaise.
Un petit conseil : notez l'entièreté de vos expériences dans un cahier qui vous suivra tout au long de votre initiation, tel un carnet de bord ou de voyage.
Au début, vous penserez peut-être qu'il y a de l'exagération dans l'air, mais à force d'entraînement, tout s'éclaircira.
N'hésitez pas à réitérer l'expérience pour chaque personne que vous croisez. En effet, plus vous travaillerez sur ce que vous ressentez, plus vous excellerez.

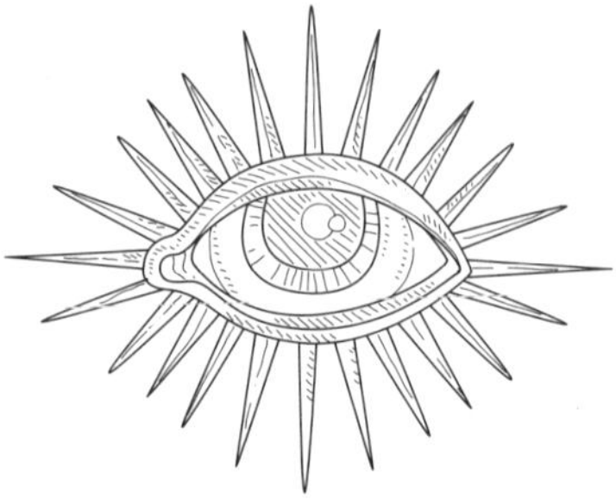

Test 2 ✷ Testez votre ressenti sur les gens

Lorsqu'on parle d'exprimer votre « ressenti sur les gens », cela signifie matérialiser ce que vous percevez d'eux. En d'autres termes, il s'agit de votre intuition sociale.
On évoque aussi le fait de « ne pas sentir » une personne ou ce qu'elle transmet, par rapport à notre état d'esprit du moment, à une chose innommable qui nous empêche de discuter plus longtemps avec elle, à un sentiment de rejet ou tout simplement à une sensation de malaise et de ne pas être à notre place face à elle.
Par exemple : lorsque vous rencontrez une personne pour la première fois, une petite alarme résonne dans votre tête. Elle peut être positive ou négative, mais en tout cas, elle vous guide en une fraction de seconde sur ce que la personne vous fait ressentir mentalement et physiquement.
De chaque personne, de chaque être vivant émane une vibration différente. C'est aussi pour cela que vous ressentez parfois un feeling très prononcé face à une future amie, parce que vous êtes sur cette même longueur d'onde. Ou, au contraire, vous ne pouvez parfois pas « sentir » une personne pour une raison indéterminée, parce que, au moment de la rencontre, vous étiez toutes les deux dans des vibrations émotives et électriques qui ne pouvaient s'entendre. Cela n'empêchera pas que, quelques mois – voire années – plus tard, vous revoyiez cette femme, qui pour vous n'allait en aucun cas entrer dans votre vie, et que vous ayez finalement un réel coup de cœur amical, la transformant en votre meilleure copine.

Le ressenti sur les gens est le début de cette merveilleuse quête spirituelle. Étape par étape, vous ciblerez vos acquis ainsi que vos lacunes, ce qui vous aidera considérablement dans votre avancée. Le test suivant va vous permettre de pointer ce qui demande à être approfondi face à ce genre d'émotions. Précédemment, nous avons vu la confiance en soi. Pour cette partie, je vous propose de tester votre ressenti d'une façon moins terre à terre, plus spirituelle. Vous allez également apprendre à bien cibler les ressentis qui ressortent lorsque vous êtes face à autrui, ainsi que face à vous-même, car certaines émotions ont un effet miroir de votre passé.

MON EXPÉRIENCE

Je me souviens de ma première « vraie » sortie de jeune fille. Je devais avoir 15 ans et, à l'époque, j'étais timide et introvertie. Ce soir-là, pour une raison obscure, je n'étais pas à ma place, majoritairement entourée de personnes que je ne connaissais pas, et je ressentais toutes leurs émotions. Telle une éponge, j'absorbais absolument tout. Je ne voulais pas quitter cette soirée par peur d'être vue comme la fille barbante. Alors je suis restée, j'ai écouté les personnes me parler, mais toujours avec cette sensation gênante de ne pas être là où je devais être. Je suis allée à l'encontre de mes propres émotions et envies, me suis forcée à rester dans un lieu qui ne m'apportait rien. Le souci n'était pas moi ni les autres, c'était le fait de ne pas avoir fait confiance à cette alarme interne qui me sommait de partir. J'aurais pu aller à une autre fête ou simplement rentrer chez moi et profiter de ma soirée. Cela m'a appris que, en me faisant confiance, tout serait plus facile, que ce soient mes décisions ou mon ressenti face aux autres.

Nous avons toutes ce petit quelque chose de magique en nous, nous possédons toutes cette petite étincelle qui guide nos choix : prenons le temps de l'écouter afin de ne pas subir la pire soirée de notre vie.

LE TEST

Que voyez-vous en premier chez une personne ?

- 👁 Son mouvement corporel.
- ☞ Son visage.
- ✶ Son énergie.
- ☾ Ses cheveux.

Comment percevez-vous les mauvaises énergies d'une personne ?

- 👁 Une émotion négative monte en vous.
- ☞ Vous pouvez à peine la regarder.
- ✶ Un sentiment de rebut établit domicile en vous.
- ☾ Une certaine colère envahit votre esprit.

Que faites-vous pour vous couper des émotions négatives que vous renvoie la personne ?

- 👁 Vous prenez du recul et canalisez vos émotions afin de faire la différence entre ce que vous ressentez et ce que la personne vous renvoie comme énergie.
- ☞ Vous vous concentrez sur ce que la personne vous renvoie en image.
- ✶ Vous vous mettez en retrait et vous l'observez.
- ☾ Vous attendez que les choses se passent.

Comment définiriez-vous votre jugement face aux gens ?

- 👁 Vous ne jugez pas.
- ☞ Vous ne vous sentez pas concernée par cette question.
- ✶ Avant de juger, vous tentez de comprendre pourquoi vous avez certaines pensées.
- ☾ Pour vous, le jugement est une protection.

Que savez-vous des énergies sociales parasitaires ?

- 👁 Vous ne savez pas ce que c'est.
- ☞ Vous vous en protégez au maximum.
- ✶ Vous laissez faire, car elles finiront par passer.
- ☾ Les énergies négatives sont seulement dues aux entités et non aux vivants.

Comment réagissez-vous lorsque vous ne vous sentez pas à votre place en société ?

- 👁 Vous partez.
- ☞ Vous restez par peur d'être jugée.
- ✶ Vous vous isolez.
- ☾ Vous essayez tant bien que mal de vous intégrer.

Quelle est votre définition du mot « feeling » ?

- 👁 C'est ce que vous ressentez face à une personne.
- ☞ C'est ce que vous ressentez face à une situation.
- ✶ C'est ce que vous ressentez dans votre cœur.
- ☾ Le feeling est imaginaire.

Que pouvez-vous dire sur le ressenti ?

- 👁 C'est le point de vue sur une personne.
- ☞ C'est une émotion transmise par le corps.
- ✶ C'est un message envoyé par l'esprit.
- ☾ C'est un état constant.

Êtes-vous à l'écoute de vos émotions face aux gens ?

- 👁 Vous ne vous écoutez pas assez.
- ☞ Vous laissez toujours place au doute.
- ✶ Vous ne laissez rien au hasard et vous êtes toujours à l'affût de votre ressenti.
- ☾ Vous passez des nuits blanches à ressasser ce qui vous perturbe.

À votre avis, le corps et l'esprit ont-ils un lien fort ?

- 👁 L'esprit prend souvent le contrôle sur votre corps.
- ☞ Le corps est simplement physique et l'esprit n'est que la pensée.
- ✶ Vous êtes à l'écoute des deux, car l'un n'existe pas sans l'autre.
- ☾ Vous n'avez pas d'avis sur la question.

LES RÉSULTATS

Vous avez une majorité de 👁

Il est temps de vous jeter à l'eau et de faire face à ce que vous ressentez. Vos peurs concernant votre ressenti social, ainsi que votre méfiance, vous empêchent de bien faire la différence entre vos propres expériences passées négatives à la suite de trahisons et le moment M, lorsque vous êtes face à autrui. En effet, nous pouvons toutes ressentir des choses sur les personnes nous entourant et sur ce qu'elles dégagent, mais chacune de nous peut aussi être dans une phase négative, triste ou de réflexion dans sa journée et, de ce fait, ne pas dégager que du positif. L'exercice sera bien évidemment de marquer un temps d'arrêt afin de cibler la source de vos émotions.

Comment bien cibler son ressenti sur les gens ?
La pierre : le cristal de roche permet de s'ouvrir spirituellement afin de recevoir des informations plus claires sur nos intuitions et notre ressenti. Il est également utilisé lors de séances et de consultations médiumniques afin de créer une protection énergétique.
L'encens : la lavande permet de se purifier et d'assainir les ondes négatives subies à cause d'autrui.
Le mantra à répéter régulièrement devant son miroir : « Je ne me focalise plus sur le physique, mais sur le psychique des gens. »

Vous avez une majorité de ☞

Vous êtes entre deux eaux, c'est-à-dire que vous ne savez pas où donner de la tête : votre ressenti est bon, mais trop commandé par votre mental et pas assez par votre cœur. Nous en revenons toujours à une chose primordiale, qui est le lâcher-prise. Concentrez-vous davantage sur vos émotions corporelles car, grâce à elles, vous allez vous voir évoluer à vitesse grand V. Laissez parler votre esprit et non votre conscience : même si les deux se ressemblent, il est parfois nécessaire de les dissocier afin d'y voir plus clair.

Comment se concentrer sur ses émotions corporelles ?
La pierre : l'œil-de-tigre permet de distinguer ses émotions de celles des autres, ainsi que de renforcer la confiance en soi.
L'encens : le bois d'Agar calme l'esprit, rééquilibre le corps énergétique et insuffle un sentiment de bien-être.
Le mantra à répéter régulièrement devant son miroir : « Je suis à l'écoute de mon corps, il est ma deuxième maison. »

Vous avez une majorité de ✶

Votre canalisation est proche de la perfection et votre jugement est juste et réfléchi. Vous êtes dans une quête spirituelle qui vous rapproche de plus en plus de votre Moi intérieur. Faites encore plus confiance à ce que les gens vous envoient comme signaux, bons et mauvais, car grâce à cette attention, vous allez vous parfaire dans le scan direct de leur personnalité et de leur vie.

Comment canaliser son esprit sur ce que l'on perçoit ?
La pierre : la labradorite permet une meilleure connexion et la protection spirituelle de votre canal.
L'encens : le Saint-Michel permet, grâce à sa force protectrice, de se mettre dans une bulle où mauvaises ondes et entités parasitaires ne peuvent pas nous atteindre.
Le mantra à répéter régulièrement devant son miroir : « Je suis prête à voir au-delà de ma vision terre à terre. »

Vous avez une majorité de 

Vous croyez à tout ce qui touche au paranormal, mais vous en avez peur. Vous souhaitez garder une bonne image des gens – même si cela signifie rester dans la superficialité – pour ne pas être prise par la déception. Ce que vous ressentez lorsque vous êtes face à eux ne vous chagrine pas plus que cela, car vous y portez peu d'attention. C'est un peu comme le déni : une fois que vous accepterez d'ouvrir les yeux, tout vous semblera plus limpide et votre chemin spirituel prendra une tout autre direction.

Comment se sortir du scepticisme ?
La pierre : la calcite orange améliore les capacités à recevoir des informations connectées à l'au-delà et éloigne les pensées négatives.
L'encens : le cèdre fait barrage à la négativité et calme l'esprit sur les questionnements non fondés.
Le mantra à répéter régulièrement devant son miroir : « Et si c'était possible ? »

PLACE AU RITUEL

Le matin, au lever, allumez une bougie violette (cette couleur symbolise la voyance, la médiumnité), placez votre main gauche au niveau de votre plexus solaire et votre main droite sur votre troisième œil (le point situé entre vos yeux, en haut de l'arête du nez). Fermez les yeux et faites le vide dans votre tête. Imaginez-vous sur une plage de sable blanc, le vent caressant vos cheveux, l'horizon infini… un bien-être ne tarde pas à vous envahir.
Lorsque vous sentirez une boule d'énergie prendre place au niveau de votre plexus solaire, pensez à toutes les connexions que vous pouvez établir avec vous-même et avec les autres. C'est à ce moment-là que

votre champ des possibles s'élargira. Profitez de ce moment pour vous autoriser à voir et à ressentir au-delà de ce que vous connaissez, au-delà de ce que notre société vous a inculqué jusqu'à présent. Je vous souhaite un merveilleux moment.

PLACE À LA PRATIQUE

Afin de bien capter ce qu'une personne dégage au niveau énergétique, je vous propose de faire le petit exercice suivant. Lorsque vous avez de la compagnie – que ce soient des personnes proches ou non –, mettez votre esprit dans un état de méditation, détendez votre corps, libérez vos pensées et prêtez attention aux ondes vibratoires que vous percevez. Il est possible que vous ressentiez de la fatigue, de l'agacement, une joie impromptue, etc. La clé est de faire confiance à ce que votre corps essaye de vous transmettre au contact des autres. N'essayez pas de faire marcher votre mental : laissez plutôt votre esprit parler. Il est parfois difficile d'être sans arrêt à notre propre écoute ; le ressenti peut devenir presque obsolète quand notre esprit est trop préoccupé par notre quotidien. Laissez-vous tenter par la simple affirmation : « Ce que je ressens est vrai et les images que je perçois sont réelles. »

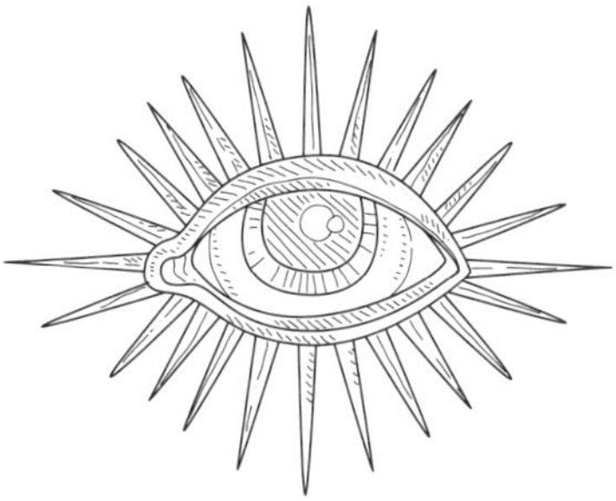

Test 3 * Testez votre ressenti dans les lieux

Combien de fois avez-vous entendu « je me sens mal à l'aise dans une église » ou « il y a quelque chose qui me gêne dans ton appartement » ? Et combien de fois vous êtes-vous dit dérangée dans des lieux anciens, voire en ruines, maisons ou appartements ? Votre ressenti dans les lieux vous permet de capter les énergies qui y vivent. Comme on dit : « Les murs ont des oreilles », mais également des yeux et même un corps. Avez-vous déjà pensé au nombre d'habitants et d'événements qui ont pris vie dans ces habitations, lieux de culte et terrains extérieurs (lacs, océans, forêts, etc.) ?

Chaque endroit renferme une mémoire spirituelle et énergétique. Avoir un ressenti sur un lieu ne signifie pas voir ou entendre des fantômes (quoique…), cela signifie prêter attention aux éléments qui vous entourent afin de pouvoir capter encore plus rapidement ce qui y a existé.

Vous exercer à ce type d'émancipation énergétique est salvateur pour votre évolution. Si nous avons déjà abordé votre rapport aux autres, votre rapport aux lieux est quant à lui infini : il peut être rempli de joie, de souvenirs, de tristesse et, pour en avoir le cœur net, il vous sera nécessaire de répondre au questionnaire suivant avec votre ressenti corporel et non mental. Le mental interviendra dans le prochain chapitre sur l'intuition.

Nous avons toutes déjà entendu parler d'un château hanté qui renfermerait l'âme de ses anciens propriétaires, ce qui nous renvoie à un cliché

fort : les films d'horreur. Les lieux chargés ne sont pas automatiquement hantés ; ils peuvent avoir dans leurs murs cette mémoire transgénérationnelle qui se révèle à chaque passage d'individu. Il est important d'enlever de votre esprit les clichés horrifiques pour pouvoir laisser parler votre propre libre arbitre.
N'oubliez pas de vous faire confiance : vous n'aurez pas de bon ou mauvais point à la fin de ce test, seulement l'honneur de voir votre potentiel s'enrichir de nouvelles capacités !
À la femme qui lit ce passage et qui s'apprête à faire le test avec un esprit sceptique, oui, vous, qui allez poser votre stylo sur cette page : remisez vos préjugés, oubliez que tout doit être rangé dans une case pour ne plus en sortir, défaites vos chaînes de pensée et commencez à vous amuser en répondant le plus instinctivement possible à ces questions.

MON EXPÉRIENCE

Plus jeune, j'adorais me balader avec mes amies dans les lieux abandonnés de Paris ; ils me donnaient l'impression d'être vivante, d'être différente, et surtout m'offraient l'occasion de découvrir des émotions particulières. Il y a toujours eu en moi une certaine curiosité face à ces lieux : l'énergie qui s'en dégageait, mélangée à l'adrénaline, me fascinait et me fascine toujours. Un jour, nous avons choisi de faire l'école buissonnière pour découvrir un lieu bien particulier : un ancien squat, situé dans le 16e arrondissement de Paris. Plus personne n'y vivait. Nous sommes entrées par un trou dans le mur et avons atterri au sous-sol. Il y avait des bureaux, des papiers sur le sol, un escalier qui donnait sur plusieurs pièces et un miroir au bout de celui-ci. Ce qui m'a marquée était ce que

les gens qui étaient passés ici avant moi avaient écrit sur les murs : « Satan est passé par ici. » Cela donne forcément le ton et conditionne la visite. Je n'ai pourtant jamais ressenti de diablerie dans ce lieu ; je l'adorais. Une chose est cependant restée gravée en moi : un lieu peut présenter nombre d'éléments – tels que le manque de luminosité, les vieilles pierres ornant les murs, l'humidité, le silence – nous poussant à croire des choses erronées. Ces conditionnements trompent notre esprit et surtout notre perception personnelle. J'ai donc appris à prendre du recul et à ne pas porter d'attention à l'apparence d'un lieu.
À l'inverse, quelques années plus tard, je me suis retrouvée dans un lieu qui m'a glacé le sang, le corps et l'esprit. C'était une magnifique maison de famille en Bretagne, dans laquelle j'avais été invitée pour le week-end. Avec une amie, nous avons passé une très bonne journée à nous promener, manger des glaces (et surtout, boire du café et fumer des cigarettes). Le moment de rentrer se coucher venu, je me suis installée dans la chambre, me suis préparée à aller dormir et là, comme une illumination, en une seconde, mon esprit s'est dit : « Et s'il y avait quelqu'un caché dans la penderie ? Et si cette personne était à 2 centimètres de ton visage lorsque tu rouvriras les yeux ? Et si tu te cachais sous la couette et que le fantôme réussissait à l'enlever ? » Je me suis installée dans le lit et, tel un festival de Cannes personnel, j'ai imaginé je ne sais combien de scénarios. Par conséquent, j'ai senti les draps caresser mes pieds, me suis cachée sous la couette et ai eu très chaud. Une heure passa, puis deux. Toujours dissimulée sous la couette, j'ai tenté de me raisonner. J'ai donc fini par sortir la tête de la couverture : il faisait noir et, d'un seul coup, j'ai senti un courant d'air sur mon visage, comme un souffle frais, ainsi qu'une présence au pied de mon lit. Depuis le début, ce n'était en rien mon imagination. Je pense tout de même avoir quelque peu exagéré le scénario sur le moment, mais j'ai véritablement vécu aux côtés de cette « personne » durant une nuit. Depuis le début, j'avais senti que quelque chose n'allait pas dans cette chambre ; si j'avais écouté ce ressenti, je serais allée dormir avec mon amie. Gardons bien cette morale en tête.

LE TEST

Quelle est votre réaction lorsqu'un lieu vous met mal à l'aise ?

- 👁 Vous avez une sensation de froid sur vous.
- ☞ Vous voulez partir immédiatement.
- ✶ Vous posez des questions à l'habitant du lieu.
- ☾ Vous êtes légèrement effrayée et mettez de côté ce ressenti.

Que faites-vous lorsque vous sentez que quelque chose cloche dans un lieu ?

- 👁 Vous essayez d'en comprendre la raison.
- ☞ Vous vous imaginez au sein du remake du film *Conjuring*.
- ✶ Vous restez zen, car ce qui s'est passé est finalement terminé.
- ☾ Vous vous lancez dans une séance de spiritisme.

Si vous deviez purifier votre lieu de vie, par quel moyen le feriez-vous ?

- 👁 De l'encens.
- ☞ Du gros sel.
- ✶ Un prêtre exorciste.
- ☾ Votre belle-mère.

Votre meilleure amie vous invite à dormir dans un vieux château, que faites-vous ?

- 👁 Vous y allez avec grande joie.
- ☞ Vous amenez une bible pour vous protéger.
- ✶ Vous achetez la médaille de saint Benoît.
- ☾ Vous ne décrochez plus le téléphone lorsqu'elle vous appelle.

Que faites-vous face à un lac brumeux dont la végétation vous rappelle l'Écosse ?

- 👁 C'est un excellent endroit pour méditer.
- ☞ Vous marchez plus vite par peur qu'un agresseur sorte des buissons.
- ✶ Vous savourez ce moment suspendu et en profitez pour faire le point sur votre chouette existence.
- ☾ Vous préférez la mer, jamais vous n'iriez près d'un lac.

Que ressentez-vous physiquement lorsqu'un lieu est dit « chargé » ?

- 👁 De la compassion.
- ☞ De l'angoisse.
- ✶ Rien.
- ☾ De la peur.

Que se passe-t-il dans votre esprit lorsque vous êtes dans un lieu chargé d'énergie ?

- 👁 Vous focalisez vos pensées sur le moment présent.
- ☞ Vous cherchez à comprendre ce qui se passe dans cet endroit si particulier.

✶ Vous posez des questions aux propriétaires des lieux.
☾ Vous partez par peur d'être hantée par les entités qui y vivent.

Une amie vous invite dans un lieu désaffecté pour « vivre une aventure paranormale », que faites-vous ?

👁 Vous apportez de la sauge et un chapelet.
☞ Vous la laissez y aller seule.
✶ Vous adorez l'idée et apportez vos gris-gris de protection.
☾ Vous n'avez pas d'amie aussi téméraire.

Quel lieu choisiriez-vous pour passer la nuit entre copines et vivre un moment suspendu hors du temps ?

👁 Une yourte.
☞ Votre chambre à coucher.
✶ Un vieux manoir.
☾ Vous n'aimez pas ce genre de soirées.

Portez-vous de l'attention à ce que vous entendez par rapport à un lieu ?

👁 Vous n'écoutez personne et en faites votre propre expérience.
☞ Vous n'allez jamais dans un lieu chargé.
✶ Vous écoutez absolument toutes les histoires d'un lieu que vous avez prévu de visiter.
☾ Vous êtes l'autrice des histoires du lieu.

LES RÉSULTATS

Vous avez une majorité de

Vous gérez vos énergies et ne laissez pas de place au hasard. Pour vous, tout fonctionne avec le destin, et c'est une excellente chose ! La vie est douce et vous êtes la première à le dire. Le monde spirituel n'a plus vraiment de secrets pour vous, mais vous êtes persuadée qu'il y a une facette mystique dans tout ce que vous entreprenez. Votre âme est lumineuse et sereine. Un petit coup d'éclat vous serait profitable afin de ne pas vous reposer sur vos acquis. Perturbez vos habitudes, dérangez votre organisation et votre emploi du temps : il faut absolument laisser de la place aux merveilleuses choses qui n'attendent que de pouvoir s'offrir à vous.

Comment sortir de sa zone de confort ?
La pierre : le jaspe rouge permet d'acquérir un sentiment de sécurité et renforce la confiance en soi pour mieux appréhender l'inconnu.
L'encens : l'Oliban favorise l'éveil des sens et de la créativité.
Le mantra à répéter régulièrement devant son miroir : « Je ne peux qu'être heureuse en sortant de ma zone de confort. »

Vous avez une majorité de

Dites donc, il serait temps de mettre vos peurs à la poubelle pour enfin sortir ce que vous avez enfoui depuis si longtemps au fond de vous ! La peur est le frein de toute chose, de tout projet et de toute élévation spirituelle. Elle est générée par l'inacceptation du hasard ; vous contrôlez les choses, vous contrôlez votre vie et c'est très bien. Cependant, laissez de la place à la surprise et à l'inconnu : vous serez alors plus susceptible de connaître une abondance de l'esprit et du mysticisme, que vous exploitez encore peu.

Comment ne plus avoir peur ?
La pierre : le quartz rose apaise et favorise la connexion avec l'au-delà. C'est une pierre douce qui apporte un bien-être immédiat.
L'encens : le tilleul favorise l'action d'éloignement des pensées négatives générées par soi et par les autres.
Le mantra à répéter régulièrement devant son miroir : « À partir de maintenant, je n'ai plus peur et j'éloigne ce sentiment négatif qui vit en moi. La peur est un blocage à toute mon évolution. »

Vous avez une majorité de ✶

Vous êtes tel un sage dans son temple : vous savez qu'il existe des choses paranormales, mais pour vous, tout est normal, car cela fait partie de la vie, et même la mort. Vous connaissez les protections à utiliser et maîtrisez le langage corporel spirituel grâce à vos méditations. Et si vous alliez voir ce qu'il se passe encore plus haut, encore plus loin ? Vous êtes au début de votre progression, mais possédez tout de même une belle expérience et un passif chargé, d'où cette sagesse innée qui règne en vous.

Comment évoluer dans le spirituel ?
La pierre : la cyanite favorise la communication avec vos guides (anges gardiens, défunts) et favorise la persévérance.
L'encens : le Rois Mages n° 1 permet la demande d'aide spirituelle.
Le mantra à répéter régulièrement devant son miroir : « Je suis prête à communiquer avec mon Moi intérieur et accepte de changer certaines habitudes de mon quotidien pour laisser place à la spiritualité. »

Vous avez une majorité de ☾

Et si vous commenciez par ne plus passer à côté de vous-même ? Vous êtes un peu comme les feuilles d'automne : magnifiques, mais qui fanent rapidement avec le froid. Vous êtes dotée d'une forte et grande capacité spirituelle et extrasensorielle, mais vous ne souhaitez pas creuser par peur de voir des choses qui ne vous conviendraient pas. Quelle erreur ! Vous pouvez et vous devez réveiller la femme merveilleuse qui est en vous ! La médiumnité puise tout en nous, je le répète : le positif et le négatif. Alors, enlevez votre cape protectrice et commencez à vous découvrir pour faire rugir vos envies.

Comment apprendre à se connaître ?
La pierre : le péridot permet la déculpabilisation et la réalisation profonde de ses rêves.
L'encens : l'acacia favorise la prise de pouvoir et l'émancipation de son Moi intérieur.
Le mantra à répéter régulièrement devant son miroir : « Je peux le faire et je vais le faire. »

PLACE AU RITUEL

Grâce à ce test, vous avez pu en apprendre davantage sur vous. Il est indéniable que vous avez une forte ambition pour apprendre et vous frotter à l'inconnu ; il est également indéniable que vous avez besoin d'un petit coup de pouce pour oser vous libérer et reprendre le contrôle total de votre âme, sans passer par les clichés que notre société nous impose. Pour ce rituel, enfilez un vêtement léger, et ôtez vos bijoux et votre maquillage.
Le soir, dans un bain chaud, jetez une poignée de gros sel. Ce dernier annule toute négativité et purifie le corps ainsi que l'âme. Restez dans ce bain une trentaine de minutes et, les yeux fermés, à l'aide de grandes inspirations, visualisez tout ce que vous avez établi jusqu'à aujourd'hui. Oui, vous pouvez être fière ! Ensuite, visualisez tout ce qui ne vous plaît pas dans votre quotidien et envoyez tout cela à l'univers pour qu'il s'occupe de détruire ce qui vous bloque. Comment ? Par la pensée ! Rien n'est plus puissant qu'elle, alors utilisez-la !

PLACE À LA PRATIQUE

Nous avons étudié le ressenti sous toutes ses formes. Dans cet exercice, je vous demande de ne pas réfléchir et d'y aller franchement.
Lorsqu'un lieu vous met mal à l'aise, posez-vous les questions suivantes : Pourquoi ? Quel est mon ressenti ? Que puis-je faire pour y rester en étant à ma place ?
Lorsque vous aurez répondu à ces questions, faites un mélange des pierres et des encens que je vous ai conseillés plus haut afin de bien vous protéger et de ne pas ramener les ondes négatives chez vous.

POUR CONCLURE SUR LE RESSENTI

Le ressenti est une merveilleuse chose qui vit en vous. C'est un réel atout pour votre évolution personnelle. Je vous conseillerais même d'imaginer votre ressenti comme s'il était l'un de vos plus proches amis, à qui vous pouvez faire confiance aveuglément. Le ressenti est précieux, d'une part pour faire face au monde, mais surtout pour vous aider à marcher sur cette Terre, qui gardera une trace de votre passage. Être à votre écoute est le plus beau cadeau que vous puissiez offrir à votre esprit. Si vous ne sentez pas une personne ou un lieu, ou que vous ne voulez pas creuser ce que vous voyez en eux, ne vous y forcez surtout pas ! Dans le cas contraire, foncez autant que vous le souhaitez. Tout est amour et protection.

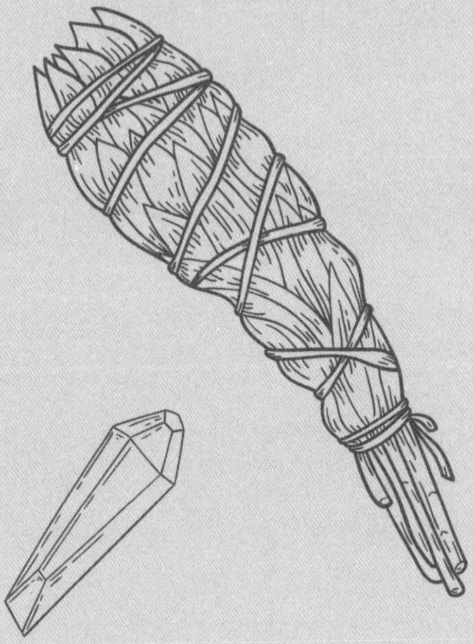

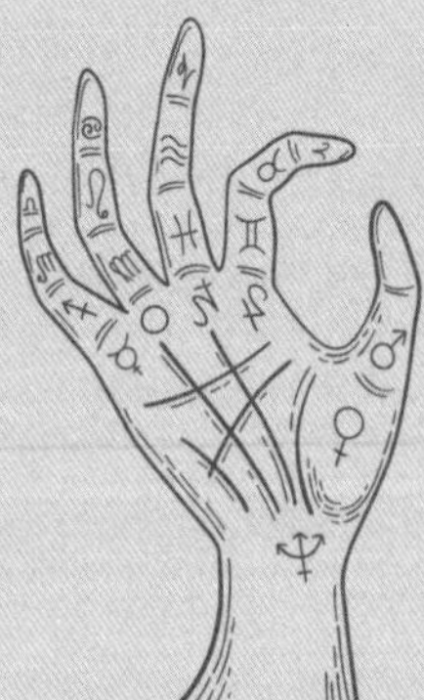

CHAPITRE II

*

L'INTUITION

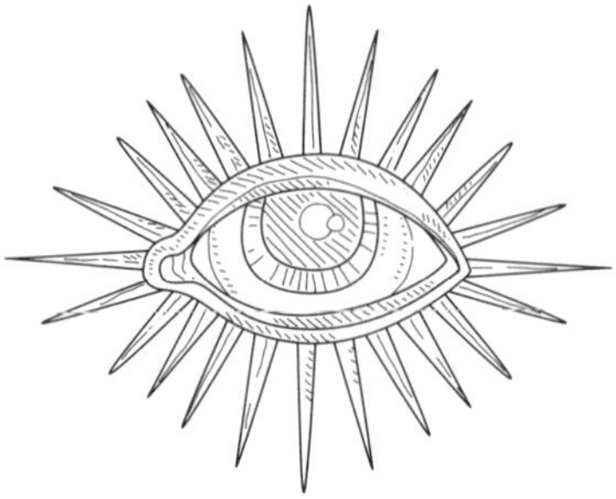

Test 1 ✷ Testez votre intuition sur les gens

À la différence du ressenti (basé sur le corps), l'intuition est fondée sur les informations mentales que vous recevez. Elle permet de capter des choses, les tournures d'une situation future. Par exemple, on entendra souvent : « Je sens que je ne dois pas le faire, je sens que ce n'est pas profitable pour moi » ou « Je sais que ça va être une grande expérience positive dans ma vie. »

Ce type d'affirmations est la preuve que vous travaillez votre propre intuition sans même vous en rendre compte. Bien entendu, cette dernière sert de support à votre développement spirituel, mais pas que : elle vous aide notamment à faire les bons choix. C'est pour cela qu'il est très important de vous écouter et de ne pas aller à contre-courant de ces affirmations instinctives.

De plus, tout le monde peut travailler son intuition grâce à des méthodes précises et en se familiarisant d'abord avec l'idée que ce qui nous vient en tête est notre propre vérité. Il faut également prendre en compte l'aide de nos guides.

Un guide est une personne spirituelle qui vous accompagne tout au long de votre existence. Pour ma part, je travaille beaucoup avec mes défunts ; pour d'autres, ce seront des anges ou des saints, mais la possibilité de créer votre guide n'est pas exclue, par exemple en imaginant son apparence précise (corps, couleur, humain ou non). Tout est possible. Pour choisir votre guide, le tout est de poser votre intention. Souhaitez-vous avoir un ange gardien ou une personne qui veille sur vous pour votre protection, pour vous sentir accompagnée, avancer dans votre vie amoureuse ou avoir plus d'argent ? Quoi qu'il en soit, sachez poser vos souhaits lorsque vous choisirez votre guide. *A contrario*, tout le monde n'a pas envie d'être guidé ou accompagné. Il faut savoir que ce n'est en rien une obligation, à partir du moment où vous êtes libre de choisir entre un guide, une spiritualité ou comment gérer votre existence, le reste n'est que la cerise sur le gâteau de votre vie.

Au cours de ces prochains tests, vous allez apprendre à puiser au plus profond de vous afin de transcender le travail de surface et approfondir vos connaissances. L'intuition vous permettra par la suite d'assumer pleinement vos facultés divinatoires. Nous verrons ensemble les différents supports que vous pourrez utiliser. Ouvrez votre cœur et laissez agir la lumière divine en vous !

N.B. : il n'est absolument pas nécessaire d'être religieuse pour invoquer des saints ; la croyance en l'univers est suffisante.

MON EXPÉRIENCE

Au début de mon exploration spirituelle, la notion de « guide » me paraissait obsolète. À cette époque, je ne ressentais pas le besoin de faire appel à un « accompagnateur » de vie. Mon esprit avait du mal à intégrer l'idée de demander de l'aide ou de se sentir épaulé car je n'en comprenais pas les bienfaits. Je pensais, dans ma tête et dans mon cœur, être capable de faire face à tout ce que la vie m'envoyait de positif et de négatif.
J'ai toujours eu ce sentiment de toujours pouvoir tout explorer seule, mais parfois, j'ai eu besoin d'être guidée, et même aidée, pour faire un choix, me relever d'un chagrin d'amour, ou encore trouver ma voie. Je ne voulais pas faire appel à mes amies ni à des gourous, alors j'ai puisé au fond de mon cœur et me suis dit : « Pourquoi ne pas demander de l'aide à un défunt ? » J'ai donc fait appel à ma tante décédée d'un cancer du sein et lui ai dit pour la première fois : « Je veux bien que tu me rendes visite dans mes rêves afin de m'aider à comprendre mes intuitions. » La nuit suivante, j'ai rêvé d'elle, mais ne lui ai pas parlé. Par contre, le lendemain, quelque chose était ancré dans mon esprit : je l'avais choisie en tant que guide.
Aujourd'hui, à chaque fois que j'en ressens le besoin, que ce soit pour de la fierté, de la joie ou de la tristesse, j'ai toujours un petit mot pour elle. Je lui dis : « Tu vois, aujourd'hui, j'ai réussi à écrire malgré le bug de mon ordinateur hier ! Si tu peux juste veiller à ce qu'il ne s'éteigne pas de nouveau, je t'en serais reconnaissante *ad vitam æternam.* »

LE TEST

Que faites-vous lorsqu'une personne vous demande ce que vous voyez en elle ?

- Vous vous mettez au travail et essayez de deviner ce qu'elle a envie d'entendre.
- Vous lui demandez le sens de sa question.
- ✶ Vous n'êtes pas un robot, de ce fait vous ne répondez pas sur demande.
- Vous avez une nette impression qu'un événement grave ou positif va lui arriver prochainement.

Que faites-vous lorsqu'une personne vous invite au restaurant et que vous avez l'intuition que vous ne devriez pas y aller pour une raison *x* ou *y* ?

- Vous vous dites que c'est juste une impression.
- Vous n'y allez pas.
- ✶ Vous décidez de faire appel à vos guides pour avoir un petit éclairage sur ce sentiment inconfortable.
- Vous dites avoir une grosse grippe contagieuse pour ne pas froisser votre ami.

Lorsqu'une image toque à la porte de votre esprit concernant l'un de vos proches, que faites-vous ?

- Vous lui demandez si tout va bien dans sa vie en ce moment pour pouvoir aborder le sujet.
- Vous avez peur de vous tromper.

✶ Vous lui dites pour ne rien lui cacher.
☾ Vous ne savez pas comment lui dire.

Que faites-vous lorsque vous avez l'intuition que la décision que vous avez prise concernant une relation amicale ou amoureuse n'est finalement pas la bonne ?

👁 Vous essayez quand même de faire en sorte que la relation se passe bien.
☞ Vous fuyez car il ne sert à rien de s'exposer à de mauvaises vibrations.
✶ Vous expliquez à la personne concernée ce que vous pensez ; tant pis si cela casse quelque chose.
☾ Vous ne faites pas attention à votre intuition car, pour vous, ce n'est pas une si petite chose qui va diriger votre vie.

On vous propose un super projet de vie (maison, travail, amour, vacances) ; que faites-vous ?

👁 Vous rentrez chez vous et vous vous isolez, prise au piège par l'indécision totale.
☞ Vous foncez tête baissée : si vous ne prenez pas de risques, vous ne vivrez plus.
✶ Vous écoutez votre voix intérieure et vous y allez tranquillement.
☾ Vous faites vos bagages car l'intuition a bon dos, mais quand une occasion comme celle-ci se présente, il faut être bête pour ne pas en profiter. Advienne que pourra !

Quel guide – visible ou invisible – vous accompagne sur votre chemin de vie ?

- Un ange gardien.
- Un défunt.
- Vous-même.
- Vous n'avez pas besoin de guide.

Avez-vous déjà été déçue par votre intuition ?

- Jamais.
- Souvent.
- Vous ne vous écoutez pas assez.
- Votre intuition est votre meilleure amie.

Comment qualifieriez-vous votre intuition ?

- Fiable.
- Pas top.
- Inexistante.
- Aiguisée.

Avez-vous déjà été confrontée à une déception amoureuse ?

- Tout le temps.
- Vous ne prenez pas le risque de tomber amoureuse.
- L'amour bloque votre évolution spirituelle.
- L'amour est un leitmotiv pour avancer dans votre vie.

Savez-vous ce que « spiritualité » signifie ?

- Être en osmose avec le monde.
- L'élévation de l'esprit.
- Être bien avec soi-même.
- Vivre en accord avec ses principes.

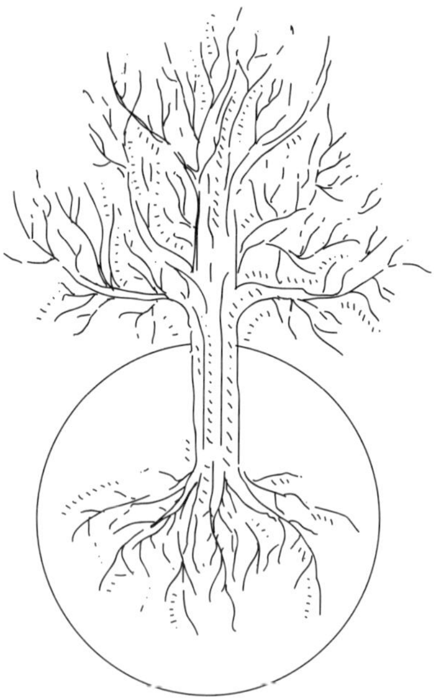

LES RÉSULTATS

Vous avez une majorité de

Vous a-t-on déjà dit que vous étiez trop gentille ? Trop à la merci des autres ? Eh bien c'est tout à fait vrai ! Passer de la pommade sur votre intuition revient à mettre des lunettes teintées pour voir la vie en rose. Il est nécessaire que vous repreniez votre tempérament initial et que vous n'ayez plus peur de décevoir les autres. Votre intuition est votre outil de travail : si vous vous laissez envahir par les on-dit, vous ne vous en sortirez pas. Osez prendre des risques !

Comment ne plus prendre en compte l'avis des autres ?

Le saint à invoquer : saint Antoine de Padoue est d'une grande aide pour se fier à soi et retrouver son essence même, sans écouter les autres tout le temps.

La petite phrase à se répéter pour faire face à tout questionnement autour d'un choix : « Je suis le meilleur juge en ce qui concerne mes choix. »

Vous avez une majorité de

Et si vous vous détendiez un peu ? Vous avez les bases, vous connaissez vos limites et travaillez avec votre intuition, mais tout plane, le sentez-vous ? Un petit conseil : cessez de vouloir tout essayer en même temps. Tentez, par exemple, l'initiation à la cartomancie pendant un mois, puis au pendule, puis au contact des défunts, etc. Vous êtes bien ancrée, mais il vous manque un brin d'assiduité et d'apprentissage littéraire pour vous informer sur ce que les autres femmes comme vous ont vécu dans le domaine de la spiritualité ; leur point de vue vous aiderait à déterminer le domaine divinatoire vers lequel vous engager.

Comment accéder à votre guidance intérieure ?
Le saint à invoquer : saint Joseph est un bon soutien, que ce soit dans le travail matériel ou dans le spirituel. N'hésitez pas à l'invoquer en cas de doute existentiel.
La petite phrase à se répéter pour faire face à tout questionnement autour d'un choix : « Je demande à l'univers de me guider et de me montrer le chemin que je dois emprunter pour avancer dans mon existence. »

Vous avez une majorité de ✶

Vous êtes franche du collier et c'est une grande qualité pour aider les autres dans leur chemin de vie. Vous avez une âme de guerrière et de maman à la fois. Lorsque vous prédirez des événements aux autres, gardez bien à l'esprit que tout n'est pas toujours bon à dire, ou du moins faut-il parfois davantage prendre des gants et gagner en tact. Tout vous arrive comme un pavé dans la mare, et cela vous satisfait au plus haut point : ainsi, vous ne tournez pas autour du pot et vous êtes fixée rapidement. Ajoutez de la sensibilité à vos paroles : vos messages en seront d'autant mieux entendus.

Comment acquérir la canalisation et favoriser le chemin spirituel ?
Le saint à invoquer : sainte Thérèse d'Avila guide et aide à prendre confiance en son potentiel afin que le chemin de l'apprentissage soit encore plus merveilleux.
La petite phrase à se répéter pour faire face à tout questionnement autour d'un choix : « Je suis détendue et à l'écoute de ma voix intérieure ; grâce à elle, j'arrive à me poser et à me concentrer. »

Vous avez une majorité de ☾

Ma chère ! Foncer, c'est bien, mais se préserver, c'est mieux ! Il faut davantage prendre soin de votre intuition et lui déléguer vos choix afin de ne pas vous retrouver dans l'extrême et, de ce fait, ne plus du tout canaliser votre énergie, sauveuse de toute évolution spirituelle. Prenez

une grande inspiration : ce n'est pas si grave si tout n'est pas fait et si tout n'est pas fait à fond. Cela vous servira grandement lorsque vous vous essaierez à la divination et/ou au contact défunt car, à vouloir aller trop vite, vous allez carboniser votre âme et ne pourrez plus rien faire, vous vous retrouverez submergée (et non « libérée, délivrée »).
Prenez le temps d'apprendre et de vivre. Le temps est important : il permet de vous forger, et ce, à tout âge.

Comment se renseigner sur un sujet précis ?
Le saint à invoquer : sainte Odile aide à ouvrir les yeux afin de voir ce qu'il y a réellement devant soi. En ôtant ce voile inutile, on fait un bond vers le divin et la magie de l'univers.
La petite phrase à se répéter pour faire face à tout questionnement autour d'un choix : « Je suis capable du meilleur, je vois au-delà de l'horizon. »

PLACE AU RITUEL

Votre intuition est précieuse : elle est votre atout majeur dans vos futures prédictions. Si vous l'alliez à votre ressenti, c'est le bingo spirituel : une force immense, voire inébranlable, vous nourrira de joie et vous rendra presque invincible. Bien entendu, l'erreur est humaine et vous y avez droit. Cependant, avec un gros travail et une maîtrise suffisante, vous serez une nouvelle femme : une femme que rien ne peut toucher ni ébranler, car pour vous, tout sera juste et les choses n'arriveront pas par hasard.
Pour ce rituel, munissez-vous d'une feuille et d'un crayon ou stylo rouge. En position assise ou allongée, commencez à écrire instinctivement à propos de votre vie et de votre vision du futur. Mettez ensuite cette feuille de côté dans une belle enveloppe et fermez-la. Lorsque vous vous sentirez épanouie dans votre chemin existentiel, rouvrez cette enveloppe : vous aurez alors la joie d'admirer la jolie montagne que vous avez déplacée.

PLACE À LA PRATIQUE

Pour cet exercice, travaillez sur l'un de vos proches. Demandez-lui de ne pas vous raconter sa journée. Concentrez-vous sur cette personne – en fermant les yeux ou non, selon votre préférence – et notez ce qui vous passe par la tête, tout en émettant l'intention de capter les moments de sa journée. Vous pouvez par exemple faire appel à votre guide et lui demander de l'aide pour qu'il vous éclaire sur ce que vous percevez, même sur les choses les plus anodines. Puis, montrez vos écrits à la personne que vous venez d'analyser et comparez vos intuitions avec ses faits.
Vous pouvez être fière de vous, car je suis sûre que cet exercice sera une réussite : même si vous n'obtenez qu'une bonne réponse sur dix, c'est déjà très bien.

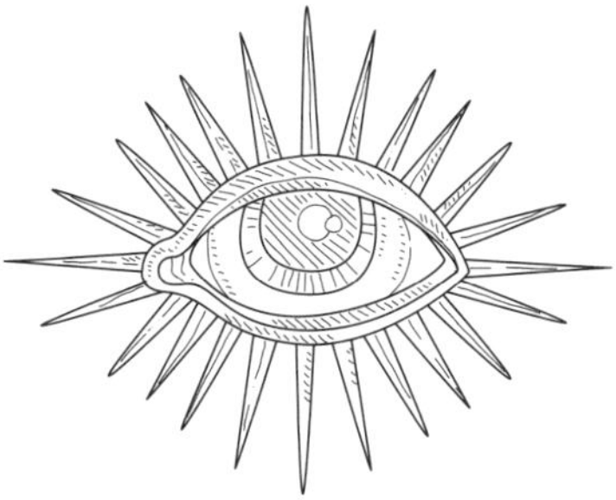

Test 2 ✷ Testez votre intuition dans les lieux

Pourquoi est-il important de travailler votre intuition dans les divers lieux que vous visitez ?
Comme précisé plus haut, les murs ont un vécu, un passif plus ou moins lourd. Vous pouvez être persuadée qu'une âme y a séjourné. Il existe des millions de lieux dont vous pouvez connaître l'ambiance énergétique : appartements, maisons, granges, fermes, églises, cimetières, commerces, etc. Grâce à votre intuition, vous serez à même de savoir si leur énergie est positive pour vous ou pour les personnes qui vous entourent. Prenons l'exemple de l'église (que vous soyez croyante ou non, c'est l'un des meilleurs lieux pour se tester) : lorsque vous y entrez, vous pouvez tout de suite en sentir l'atmosphère. Pour certaines, celle-ci sera apaisante, et pour d'autres, elle sera extrêmement chargée émotionnellement.
En effet, on ne compte plus les personnes qui y prient, ni les messes, les mariages et encore moins les enterrements qui s'y déroulent. Chaque cérémonie fait ressortir une émotion particulière, et les gens qui ont foulé le sol de l'édifice ont laissé une empreinte énergétique indélébile à chacun de leurs pas. C'est pour cette raison que, lors d'un enterrement, une ambiance triste et lourde s'installe forcément, et que, lors d'un mariage, c'est une ambiance joyeuse et festive qui prend place. C'est également sans compter les personnes qui s'assoient sur les bancs de bois ciré pour prier et demander de l'aide ou du soutien à leur divinité.

Sachez que les autres lieux fonctionnent exactement de la même manière. Par exemple, si vous achetez (ou louez) un appartement dans un quartier que vous affectionnez, le cadre aura beau être joli et les voisins sympathiques, ce n'est pas pour autant que votre nouveau foyer n'aura pas vu se dérouler des disputes et des fous rires avant votre arrivée. C'est la même chose partout, dans le monde entier.
Lorsqu'un endroit vous met mal à l'aise, votre énergie change automatiquement : vous êtes sur la défensive, légèrement en retrait ou énervée sans raison. Cela dit, certaines de ces énergies ne sont pas les vôtres ; elles appartiennent à la mémoire des murs. Il est donc important de prendre un certain recul sur ce que vous ressentez afin de bien faire la part des choses entre vous et ces énergies extérieures. Vos émotions quotidiennes peuvent être exacerbées à cause des différentes énergies régnant dans les lieux que vous fréquentez.
Au contraire, lorsqu'un endroit est rempli d'amour, vous ressentez d'un seul coup une euphorie, une émotion positive qui fait se dissiper tous vos soucis.
Maintenant, faites le test suivant, grâce auquel vous allez pouvoir parfaire votre intuition.

MON EXPÉRIENCE

J'avais 18 ans quand j'ai voulu m'émanciper : j'habitais à Paris, chez mes parents, et il était temps pour moi de partir, de commencer à vivre de nouvelles aventures, seule.
À l'époque, j'ai visité plusieurs logements, mais un seul m'a réellement tapé dans l'œil. Au moment où j'ai posé le pied sur le parquet de cet appartement situé au rez-de-chaussée, j'ai su que je devais y vivre. J'ai eu une sensation étrange, comme si j'étais obligée de le prendre, sans quoi je serais triste. Pourtant, c'était un studio de 16 m² avec vue sur une

cour très sombre. Il y avait une ambiance très particulière, très émotive, j'étais comme envoûtée par ce lieu. J'ai donc fait des pieds et des mains pour que mon père se porte garant, et pouvoir enfin vivre ma vie de folie ; la fête, les copains et le reste ! Que nenni ! Au bout de quatre mois, je sentais la respiration d'un homme derrière ma tête à chaque fois que je me mettais au lit. J'avais l'image de cet homme, pas méchant, mais qui s'était pendu dans la cuisine. Ma fenêtre donnait sur celle de la gardienne de l'immeuble, qui était âgée d'une vingtaine d'années. Nous nous sommes liées d'amitié – à un point tel que je lui demandais de venir dormir avec moi quand cet homme décédé était trop présent. Un jour, elle m'avoua quand même que cet immeuble était comme un cimetière, que beaucoup de personnes s'y étaient suicidées. J'ai attendu deux mois de plus et j'ai fini par déménager dans un lieu plus tranquille. Tout cela pour vous dire qu'il faut savoir s'écouter et faire attention à ce que notre intuition nous dit.

Dans cette histoire, j'ai prêté trop d'attention à cette émotion viscérale, sans prendre le recul nécessaire entre ce que je ressentais et ce que le lieu voulait me faire ressentir. J'ai parfois confondu mon ressenti avec mon intuition ; lorsque je me trouvais dans certains lieux, je sentais qu'il fallait que je parte car une sensation de malaise envahissait mon esprit. En mûrissant, je me suis rendu compte que ce n'était pas que j'étais mal à l'aise dans ce lieu, mais plutôt que je pressentais que quelque chose de désagréable allait se produire, une dispute entre amies ou tout autre événement fâcheux. À partir de ce moment-là, j'ai réussi à différencier les deux et à aiguiser mon intuition.

LE TEST

Lorsque vous dormez à l'hôtel, quel détail vous est primordial ?

- 👁 La literie.
- ☞ L'ambiance générale.
- ✶ Le minibar.
- ☾ L'année de construction.

Lorsque vous visitez un lieu, quel est votre état d'esprit premier ?

- 👁 Vous vous concentrez pour comprendre ce qui s'y est passé.
- ☞ Vous demandez son histoire.
- ✶ Vous fermez les yeux pour percevoir des choses paranormales qui pourraient rendre votre visite encore plus intéressante.
- ☾ Vous y allez pour juste occuper votre journée.

Quel est votre dernier réflexe au moment du coucher, lorsque vous êtes allongée et prête à vous endormir ?

- 👁 Vous laissez la lumière allumée, car une ombre passe devant votre lit.
- ☞ Vous fermez les yeux en pensant au lendemain.
- ✶ Vous inspectez d'un coup d'oeil rapide les coins de votre chambre pour vérifier qu'aucune entité n'y traîne.
- ☾ Vous avez un sursaut d'angoisse en vous remémorant certains films d'horreur.

Que faites-vous pour assainir votre lieu de vie ?

- 👁 Un petit coup d'aspirateur et c'est bon.
- ☞ Un peu d'encens ne fait pas de mal.
- ✶ Vous aimez le nettoyage énergétique complet avec le gros sel et l'encens.
- ☾ Vous avez une femme de ménage et c'est bien suffisant.

Les souvenirs d'enfance sont souvent rattachés à un lieu. Quelle est votre émotion quand vous repensez à ces endroits ?

- 👁 La maison de vos grands-parents vous rend nostalgique.
- ☞ Vous souriez en repensant à la vieille table basse remplie d'histoires.
- ✶ Vous vous souvenez plus de vos poupées que de votre lieu de vie.
- ☾ La cave de votre appartement vous donne encore des frissons.

Le choix de votre lieu de vie a-t-il été réfléchi ?

- 👁 Vous avez prêté plus d'attention à l'esthétique qu'à l'énergétique du lieu.
- ☞ Vous avez tout misé sur votre intuition lors de la visite.
- ✶ Vous avez fait confiance à votre ressenti.
- ☾ Vous vous êtes renseignée sur les anciens propriétaires.

Avez-vous déjà ressenti le besoin viscéral de rester dans un lieu en particulier ?

- 👁 Jamais.
- ☞ Souvent, lorsque vous allez chez quelqu'un.
- ✶ Vous ne prêtez pas attention à cette sensation.
- ☾ Dans votre bain.

Pensez-vous qu'un lieu ait une vie ?

- 👁 Oui, à chaque fois qu'une nouvelle personne y emménage.
- ☞ Oui, tout comme les humains, les lieux ont une mémoire.
- ✶ C'est une évidence.
- ☾ Vous pouvez répéter la question ?

Avez-vous déjà vécu quelque chose d'étrange dans votre lieu de vie ?

- 👁 Vous entendez souvent une porte claquer.
- ☞ Vous avez une sensation de courant d'air dans votre chambre alors que toutes les fenêtres et portes sont fermées.
- ✶ Des objets se déplacent dans votre salon.
- ☾ Rien de tout cela n'arrive.

Selon vous, qu'est-ce qui peut se cacher dans un lieu chargé d'énergies ?

- 👁 Des fantômes.
- ☞ Une poupée maléfique.
- ✶ Rien, le néant, le vide.
- ☾ Un esprit gentil pour ne pas vous faire peur.

LES RÉSULTATS

Vous avez une majorité de 👁

Vous êtes de nature romantique et les souvenirs sont importants pour vous : rien ne doit être oublié et tout doit être à sa place. Être organisée est important mais, dans votre cas, laisser place à la surprise et à la nouveauté serait un avantage, pour votre spiritualité d'une part, mais également pour vous ! En effet, imaginez un bel arbre, en bonne santé : ses branches sont fines et ses feuilles lumineuses. Vous vous trouvez sur l'une de ses branches, mais avez oublié l'essentiel : il faut grimper sur chacune d'entre elles pour en connaître la beauté particulière. Ne vous contentez pas d'être juste vous (ce qui est déjà énorme, nous sommes d'accord) ; partez explorer, vivre des instants forts en sortant de votre monotonie spirituelle.

Comment sortir de votre routine spirituelle ?
Le saint à invoquer : sainte Joséphine Bakhita est invoquée pour tenir bon dans les épreuves, et sortir de sa routine peut en être une, car toutes les habitudes sont bousculées.
La petite phrase à se répéter pour faire face à tout questionnement autour d'un choix : « Aujourd'hui, j'apprends quelque chose de nouveau. »

Vous avez une majorité de ☞

L'intuition est pour vous un outil important : elle vous aide à prendre certaines décisions et vous mène toujours sur le bon chemin. À vos yeux, l'erreur est humaine et il n'y a pas besoin de chercher trop loin pour comprendre les choses. Aussi, chaque lieu renferme des trésors cachés et votre soif de connaissance et d'investigation n'est plus à prouver.

Vous pouvez aisément passer le cap supérieur et établir des liens, une communication avec les murs : ils vous transmettront leur histoire. Foncez dans cette merveilleuse quête ! Peut-être vous manque-t-il des petits outils et conseils pour vous aider à évoluer ?

Quels outils peuvent vous aider à passer ce cap ?
Le saint à invoquer : saint Michel protège volontiers tout au long de chaque quête.
La petite phrase à se répéter pour faire face à tout questionnement autour d'un choix : « Je demande à l'univers de me connecter à ces lieux. »

Vous avez une majorité de ✶

Votre film préféré ne serait-il pas *Dangereuse Alliance* ? Prenez garde à ne pas trop farfouiller dans tout ce qui se rapporte à l'au-delà sans posséder une protection complète, car vous risqueriez de vous y perdre. Être dans l'instant présent est merveilleux. Cependant, il est impératif d'être dans une énergie canalisée et non dans une énergie de connaissance et d'apprentissage démesurée. Tout arrive au bon moment, le tout étant de prendre le temps nécessaire pour évoluer palier par palier afin de bien vous forger et vous préparer à la suite. Continuez vos recherches, restez avide de connaissance, mais ne brûlez pas les étapes.

Comment vous protéger face aux énergies d'un lieu ?
Le saint à invoquer : saint Benoît est invoqué pour la protection de soi et des lieux habités. Il éloigne les esprits néfastes visibles et invisibles. Si l'on souhaite aller vite dans sa quête, il est judicieux de l'invoquer pour éviter d'attirer les mauvais esprits.
La petite phrase à se répéter pour faire face à tout questionnement autour d'un choix : « J'apprends à me protéger et à prendre le temps nécessaire pour évoluer dans la connaissance spirituelle. »

Vous avez une majorité de

Vous êtes dans un double courant d'eau : vous souhaitez vous connecter à votre Moi spirituel et, en même temps, vos peurs vous paralysent lorsque la nuit tombe et que l'heure du coucher arrive. Avoir ces deux facettes est positif, car la peur vous aiguille aussi sur ce que vous avez en face de vous (énergie, entité). Mais elle peut également être un frein à votre apprentissage.
Gardez cette émotion près de vous et utilisez-la lorsque des doutes surgissent dans votre esprit. Elle va de pair avec l'intuition, comme le bien et le mal, la gentillesse et la méchanceté. Si tout était beau et lumineux, le monde se porterait différemment. Malheureusement, il a besoin d'un équilibre qui inclue le négatif. Vous y allez doucement, pas à pas et êtes réfléchie. La protection est importante, de même que la canalisation, mais dans votre cas, il serait souhaitable de retirer un soupçon de pudeur face à tout ce que vous percevez de paranormal. Vous avez le droit de le vivre pleinement.

Comment se sentir en capacité d'entreprendre la suite de l'apprentissage ?

Le saint à invoquer : saint Christophe est invoqué dans la protection des voyageurs, des automobilistes, etc., mais on peut également faire appel à lui pour la protection d'un voyage spirituel.
La petite phrase à se répéter pour faire face à tout questionnement autour d'un choix : « J'ai le droit de vivre ces instants impalpables avec le monde de l'invisible. »

PLACE AU RITUEL

La protection d'un lieu est importante lorsque vous souhaitez vous mettre en communication avec, et ce sans attirer les foudres du bas astral (esprits méchants). Elle peut aussi être exécutée lors d'un emménagement ou après avoir vécu des événements particuliers et inconfortables. La protection est étroitement liée au nettoyage énergétique des lieux habités. Ce dernier peut également être effectué après le passage d'une personne déprimée, fatiguée ou qui vous a pris toute énergie vitale. Voici quelques astuces pour passer ce grand coup de balai.
Le matin est idéal pour faire ce rituel : c'est un moment opportun pour protéger votre lieu de vie et donner une merveilleuse impulsion positive à votre journée. Munissez-vous d'une médaille de saint Benoît (vous pouvez la porter ou simplement l'avoir dans une poche, sous votre oreiller, etc.), ainsi que d'une bonne poignée de gros sel. Plongez le sel dans un seau d'eau chaude, puis prenez de l'encens (sauge blanche ou Palo Santo). Nettoyez votre sol avec l'eau salée, et faites brûler l'encens avec l'intention de purifier le lieu. Une sensation d'apaisement se fera sentir. S'il s'agit d'un lieu externe à votre habitat de vie, emportez la médaille de saint Benoît comme protection, ainsi qu'une poignée de gros sel dans un petit sachet, que vous mettrez dans votre poche.

PLACE À LA PRATIQUE

Choisissez un endroit qui vous est familier – par exemple, le foyer d'un membre de votre famille, de l'une de vos amies –, et connectez-vous à ce lieu.
Pour ce faire, fermez les yeux, les pieds bien ancrés au sol. La tête bien droite – imaginez un fil rouge qui la relie au ciel –, sentez la vibration

de la Terre sous vos orteils. Une fois que cet ancrage est établi, émettez l'intention de communiquer avec les murs du lieu. Des images, des visions du passé et des sensations corporelles s'imposeront à vous. Je vous conseille de tout noter dans votre carnet de voyage extrasensoriel. Vous serez probablement surprise en relisant vos lignes ultérieurement.

Test 3 * Testez votre intuition pour vous-même

Votre intuition induit, d'une part, des sensations dans votre corps et, d'autre part, des images ou des messages dans votre esprit. Elle se mêle à votre ressenti. Vous allez maintenant commencer à rentrer dans le vif du sujet.

Concentrez-vous sur ce que vous ressentez au moment où vous lirez les questions posées : focalisez-vous sur votre corps dans un premier temps, puis sur ce que votre esprit vous dictera. Lorsqu'on parle de la « petite voix » qui résonne dans la tête, cela peut être votre vibration interne qui s'exprime pour vous, ou bien la captation de messages donnés par des entités, des esprits ou des âmes.

Établissons les différents types d'« apparitions ». « Esprit », « âme » et « fantôme » sont des mots utilisés pour définir ceux qui vivent de l'autre côté. Les entités ne sont pas forcément des personnes décédées qui errent dans notre sphère ; il peut tout simplement s'agir d'énergies bonnes ou mauvaises qui restent ancrées près de ou en nous.

Nous avons déjà évoqué les parasites énergétiques, ces énergies qui peuvent changer notre équilibre corporel, vital et émotionnel, conduisant à un manque de tonus, à une dépression, à une fatigue inexpliquée, ou encore à des problèmes d'ordre professionnel, amical ou familial. C'est pour cette raison qu'il est important de bien vous protéger lorsque vous souhaitez vous ouvrir aux arts divinatoires et à la spiritualité. La voyance, comme la médiumnité, est une forme de canal qui reçoit ces entités et qui doit comprendre, puis gérer leur place ici-bas, avec nous. Nous verrons cela plus en détail dans le dernier chapitre.

Lorsqu'on parle d'« esprit » viennent immédiatement en tête les fantômes – et pas les plus sympathiques –, l'apparition d'ombres et certaines sensations corporelles que l'on peut subir. Démystifions tout cela en imaginant simplement des tonnes de déchets énergétiques et des personnes coincées avec nous qui tentent de communiquer par n'importe quel moyen, tout en sachant que leur moyen de communication le plus courant est la manifestation horrifique. En effet, un claquement de porte inexpliqué aura le don de vous mettre dans un état de peur et d'angoisse, tandis que la radio ou la télévision qui s'allument et s'éteignent plusieurs fois de suite feront naître dans votre tête un scénario digne de Stanley Kubrick. Vous avez sûrement déjà entendu la phrase : « Je vais appeler les esprits » ; elle est tellement banale que c'en est effrayant, car les différentes pratiques – dont la plus connue est le spiritisme – peuvent faire venir à vous des esprits malintentionnés qui vous confronteront à des manifestations potentiellement traumatisantes. Cependant, tout le monde est libre de faire ce qu'il entend, si tant est que la protection soit appropriée et complète.

Sur Terre, au sein de chaque enveloppe corporelle, humaine ou animale, vit une âme. Lorsqu'une personne décède, son âme reste un temps dans notre sphère, puis s'en va de l'autre côté. C'est pour cette raison que l'on entend régulièrement que « l'âme des enfants choisit ses parents ». Certaines âmes sont néanmoins bloquées avec nous, nous en reparlerons plus tard.

« Fantôme » est le premier mot que vous attribuerez à une présence dans un lieu ou sur une personne. Ce terme définit plus légèrement les manifestations paranormales : il est même utilisé dans les livres pour enfants, c'est dire sa banalité. Cependant, il n'en reste pas moins fort, bien au contraire, car une ombre dans une pièce, un cri strident dans l'oreille ou un souffle sur le corps sont bel et bien des manifestations de l'au-delà. Maintenant que vous êtes parée, il n'y a plus qu'à vous tester !

MON EXPÉRIENCE

J'ai appris que l'intuition était mon bouclier, ma protection contre les mauvaises rencontres, les événements négatifs ou certaines expériences désagréables. Par exemple, je me souviens du jour où j'ai voulu appeler les esprits, par curiosité et surtout par envie de vivre quelque chose de différent, peut-être pour me sentir vivante. Seule, j'ai pris un verre, une feuille de papier et j'ai commencé à écrire l'alphabet : j'avais créé ma planche de Ouija artisanale. J'étais tellement heureuse de pouvoir le faire, d'avoir cet outil interdit entre les mains ! J'ai posé mon doigt sur le verre et ai récité la fameuse phrase qui fait si peur. J'ai ressenti des frissons, entendu les portes claquer, et une ambiance malsaine et dangereuse a envahi la pièce. À dix ans, on ne se rend pas compte du danger que ce genre de comportement engendre.

J'ai écouté mon intuition (beaucoup trop tard) et ai voulu arrêter la séance une fois avoir été bien effrayée par les bruits que les « esprits » causaient chez moi. Je n'ai même pas cherché à comprendre : j'ai jeté le verre à la poubelle, la feuille et le stylo avec. Je n'ai pas eu le temps de savoir qui c'était, je n'ai pas eu le temps de quoi que ce soit, car la peur avait remplacé l'adrénaline. À ce moment précis, j'aurais dû m'écouter et ne pas foncer tête baissée vers un acte que je ne maîtrisais pas. Cela ne m'a cependant pas empêchée de recommencer les séances, seule ou avec des amies, jusqu'à mes 17 ans.

LE TEST

Lorsque vous sentez une présence chez vous, que faites-vous ?

- 👁 Vous vous enfermez dans vos toilettes.
- ☞ Vous tentez d'établir la communication.
- ✶ Vous partez de chez vous sans réfléchir.
- ☾ Vous hurlez.

Lorsque vous entendez un bruit inhabituel durant la nuit, que faites-vous ?

- 👁 Vous vous cachez sous la couette.
- ☞ Vous invoquez vos guides pour vous protéger.
- ✶ Vous sortez en boîte de nuit, car vous savez que vous n'arriverez plus à dormir.
- ☾ Vous attrapez un couteau de cuisine.

Quelle a été votre intuition lorsque vous avez établi la première communication avec vos défunts ?

- 👁 Ce n'était pas l'un de vos défunts.
- ☞ C'était l'un de vos proches défunts, mais pas celui que vous aviez tenté de contacter.
- ✶ Vous avez arrêté la communication par peur que votre contact ne soit en réalité que le fruit de votre imagination.
- ☾ Vous avez eu l'impression de faire une séance de spiritisme.

Depuis quelque temps, vous attendez une réponse pour l'un de vos projets. Quelle est votre intuition concernant son issue ?

- 👁 Vous êtes sceptique, car vous ne croyez pas en vous.
- ☞ Vous appelez les forces de l'univers pour mettre toutes les chances de votre côté.
- ✶ Vous effectuez un rituel de réussite.
- ☾ Vous laissez faire, car votre intuition n'y changera rien.

Une de vos amies vous dit que vous n'êtes pas assez prudente dans le domaine spirituel. Qu'en pensez-vous ?

- 👁 Vous lui demandez plus d'explications, car elles peuvent vous aider à lutter contre la peur.
- ☞ Vous lui expliquez votre point de vue et passez à autre chose, tout en prenant note de sa remarque pour vos futures expériences.
- ✶ Vous changez d'amie, car vous ne supportez pas que l'on vous donne des leçons.
- ☾ Vous vous faites suffisamment confiance et retournez donc la conversation sur les éléments négatifs de sa vie.

Avez-vous déjà entendu parler du spiritisme ?

- 👁 Très peu.
- ☞ Vous connaissez cela par cœur.
- ✶ Une de vos amies vous en parle souvent.
- ☾ Vous ne savez pas ce que c'est.

Avez-vous déjà fait une séance de spiritisme ?

- Une fois : vous avez eu la peur de votre vie.
- Plusieurs fois, mais la séance n'a jamais fonctionné.
- Certainement pas.
- Vous avez peur d'essayer.

Pensez-vous que votre intuition peut vous sortir de situations désagréables ?

- Pas toujours.
- Oui, c'est votre guide de lumière.
- Non, car certaines situations ne peuvent être contrées.
- Vous rêvez de pouvoir mieux vous écouter pour parer à ces situations en question.

Le mot « intuition » résonne-t-il en vous ?

- Vous n'avez pas le temps de vous attarder dessus.
- L'intuition est votre meilleure amie.
- Très rarement, car votre esprit est trop préoccupé par votre vie sociale.
- Oui, et vous vivez régulièrement avec.

Avez-vous déjà éprouvé de la peur à la suite d'une mauvaise intuition ?

- 👁 C'est votre corps qui vous a envoyé le message de la peur par le biais d'une angoisse.
- ☞ Une seule fois, mais cela vous a suffi pour comprendre que l'intuition est importante.
- ✶ Vous éprouvez régulièrement de la peur, dont la peur de vous tromper dans vos choix.
- ☾ Non car, pour vous, l'erreur est humaine.

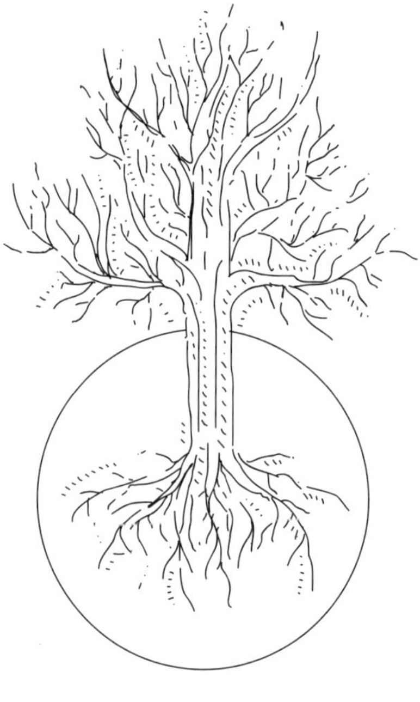

LES RÉSULTATS

Vous avez une majorité de

N'auriez-vous pas peur du monde spirituel, par hasard ? Sachez que votre intuition ne doit pas servir de frein et encore moins de barrage à votre épanouissement. Si vous ne souhaitez pas être confrontée au sombre autant qu'à la lumière, il va vous être difficile de passer le pas de la médiumnité. Cela dit, ce n'est pas impossible. Le tout est de démystifier votre rapport à l'inconnu. Vous êtes dotée d'un don, que vous travaillez en lisant ces lignes pour vous permettre d'être en accord avec vos croyances et ainsi effacer vos peurs. Laissez entrer le bien dans votre vie, et ne vous fiez pas aux films d'horreur que vous avez eu le plaisir de regarder par temps de pluie, car ils ne sont pas des références. Au contraire, focalisez-vous sur le positif, sur la manière d'utiliser votre don pour parfaire votre potentiel, que ce soit pour vous aider ou aider les autres.

Comment laisser la lumière imprégner votre chemin ?
Le saint à invoquer : sainte Thérèse est invoquée pour demander la paix et la ressentir au plus profond de soi. Elle est d'une grande aide lorsque les doutes envahissent notre esprit et le mettent à rude épreuve.
La petite phrase à se répéter pour faire face à tout questionnement autour d'un choix : « J'aime voir la lumière et j'accepte son côté sombre. »

Vous avez une majorité de

Vous êtes dans la protection et ne laissez pas entrer n'importe qui dans votre vie, ce qui est très bien pour la suite de l'apprentissage, car même certains défunts peuvent être toxiques. Continuez de vous instruire grâce à vos expériences significatives dans le domaine de la spiritualité. Vous êtes sur le bon chemin. Cependant, veillez à ne pas y aller trop lentement, car votre potentiel est confirmé.

Comment évoluer tout en prenant votre temps ?
Le saint à invoquer : saint Joseph est invoqué pour la justesse, la prudence et le courage. Il est donc possible de faire appel à lui pour tous les travaux spirituels.
La petite phrase à se répéter pour faire face à tout questionnement autour d'un choix : « Je peux maintenant ouvrir des portes, je suis prête. »

Vous avez une majorité de ✶

Vous n'aimez pas être contredite, c'est bien pour cela que votre intuition est votre arme, mais ne restez pas trop sur la défensive et essayez de prendre le recul nécessaire pour ne pas tout recevoir d'un coup. Vous êtes une hypersensible et personne ne doit vous faire la leçon, car l'échec est humain, mais ne laissez pas votre perfectionnisme vous mettre la pression. La perfection est inatteignable et n'est vraiment pas un statut favorable à vos recherches. Laissez-vous porter par le vent, vous allez adorer !

Comment se laisser aller et ne plus se mettre la pression ?
Le saint à invoquer : sainte Rita est invoquée pour établir la paix dans les couples, mais également pour soi-même. Elle aide à ne plus s'infliger cette droiture qui peut desservir.
La petite phrase à se répéter pour faire face à tout questionnement autour d'un choix : « J'ai le droit de vivre librement et de faire des erreurs. »

Vous avez une majorité de ☾

Vous êtes entre confiance et méfiance, et ce, dans divers domaines. Pour être en accord total avec vos intuitions, il serait bon de laisser opérer la magie de votre existence. Vous êtes libre et indépendante, oui, mais rattachée à votre passé et à votre schéma de vie, qui est répétitif. Vous pouvez croire en vous car votre histoire et vos souffrances ne font plus partie du moment présent. Vous pouvez également vous recréer, c'est-à-dire reprendre contact avec votre essence féminine. Ne bloquez pas vos émotions, bonnes ou mauvaises, douces ou turbulentes : elles font de vous ce que vous êtes. Apprenez à les apprivoiser comme vous allez apprivoiser votre intuition.

Comment croire en vous pour faire évoluer votre intuition ?
Le saint à invoquer : sainte Anne est invoquée pour guérir les maux ainsi que pour trouver la sérénité nécessaire à l'évolution de l'être. Elle aide également à canaliser les humeurs oppressantes.
La petite phrase à se répéter pour faire face à tout questionnement autour d'un choix : « Les autres ne me font pas peur. »

PLACE AU RITUEL

Votre pouvoir d'abondance peut être utilisé dans tous les domaines souhaités. De temps en temps, un petit coup de pouce ne vous fera pas de mal ; c'est pour cela qu'il est important d'utiliser vos propres forces afin d'obtenir ce que vous désirez. Par rapport à l'intuition, votre pouvoir d'abondance est utile pour demander, par exemple, à ce qu'une situation que vous ne souhaitez plus vivre devienne positive et bienfaisante.
Un soir de nouvelle lune, écrivez sur un papier votre souhait de changement pour une situation bien précise. Allumez ensuite une bougie jaune et récitez : « Que ce que je souhaite devienne réel aujourd'hui et jusqu'à l'éternité. » Gardez ce papier sous votre oreiller durant sept jours et laissez la magie opérer.

PLACE À LA PRATIQUE

Qui n'a jamais voulu voir ses intuitions se réaliser ? Dans cet exercice, vous allez pouvoir travailler le sujet en profondeur. En parallèle du rituel, tous les matins, fermez les yeux et imaginez une pluie d'abondance vous envahir, en commençant par la tête pour arriver jusqu'aux pieds. Répétez-vous que vous obtiendrez ce que vous souhaitez. Vous pouvez commencer par des vœux qui vous semblent faciles à réaliser, puis tentez votre chance de créer l'abondance ultime en émettant votre intention envers des projets plus conséquents.

Votre intention est d'ailleurs primordiale dans cet exercice qui, vous le verrez, portera ses fruits dès lors qu'une sensation de plénitude remplira votre cœur.

POUR CONCLURE SUR L'INTUITION

Vous êtes la seule responsable de vos souhaits. Plus vous serez dans une dynamique positive, plus belles seront les choses qui vous arriveront. Votre intuition – comme votre ressenti – est l'arme, le bouclier, le protecteur de tous vos projets, travaux et rencontres. Elle guide votre esprit ainsi que votre cœur.

Bravo d'avoir suivi ces tests, vous allez maintenant pouvoir passer aux choses sérieuses !

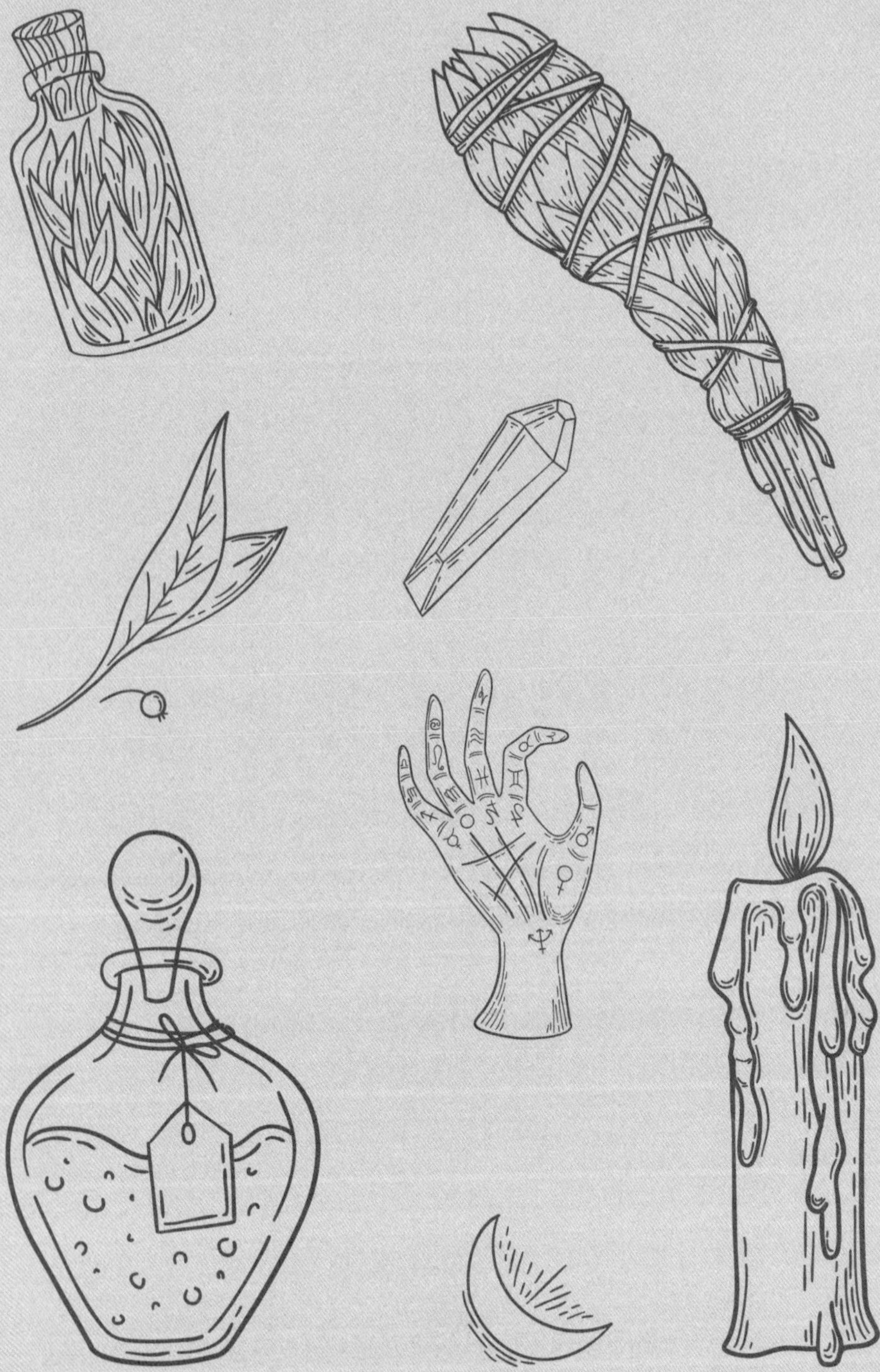

CHAPITRE III

*

LA CONFIANCE EN SOI

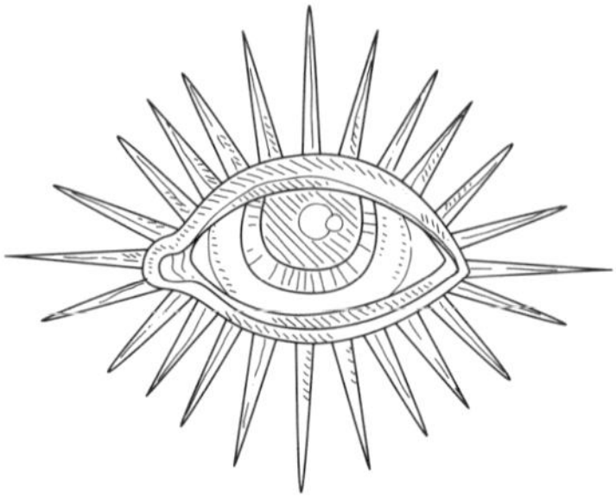

Test 1 ✸ Testez votre confiance en vous

La confiance en soi est vitale tout au long de votre existence ici-bas. D'une part pour avancer dans votre vie, et d'autre part pour ne pas laisser des personnes vous rabaisser, vous humilier, vous dire que votre désir n'est pas réalisable ou que vous n'y arriverez pas. Cette confiance peut être très mal perçue, car difficile à adopter quand vous avez longtemps essayé de vivre selon vos propres règles et vos propres envies, mais que des facteurs externes ont bloqué à divers niveaux.

Votre confiance en vous est la troisième arme qui vous aidera à évoluer dans votre chemin spirituel, car vous verrez au fil de ces pages et de votre apprentissage qu'il y aura des moments plus difficiles que d'autres. Mais il ne faudra surtout pas vous décourager : si vous avez acheté ce livre, c'est que vous aviez une bonne raison. D'ailleurs, permettez-vous de faire une pause dans cette lecture, et dites à voix haute : « Personne de visible ni d'invisible ne me fera perdre ma confiance en moi. »

Sachez qu'en développant votre travail avec l'au-delà et/ou la voyance, vous aurez parfois affaire à des personnes plus ou moins bienveillantes, et ce dans les deux mondes (le nôtre et celui de l'au-delà). Prenez-les comme des tests, comme des messages que veut vous faire passer votre guide. Il y aura également parfois des entités qui vous mèneront en bateau lorsque vous essaierez de lire une photo, de tirer les cartes ou de donner une séance de voyance. Vous n'aurez peut-être pas de réponse, la réponse sera négative ou bien la personne en face de vous vous dira

que vous avez tout faux. Ne vous découragez pas, tomber pour mieux se relever fait partie de votre apprentissage.
Par exemple, vous pourriez un jour être confrontée à une situation très troublante, comme ne pas réussir à dire à quelqu'un ce que vous pensez vraiment de ce qu'il vous dit. Cela vous mettra mal à l'aise, vous donnera un sentiment de culpabilité. Dans la vie de tous les jours, vous êtes une battante, mais à ce moment précis, vous perdrez vos moyens. C'est humain, le tout est de prendre le recul nécessaire pour ne pas s'accabler de reproches et de regrets. Cette situation vous permettra de prendre conscience que vous avez le droit de perdre pied. Vous vivrez peut-être la même chose devant un événement étrange et paranormal. Vous ne pourrez pas toujours tout contrôler et c'est très bien ainsi. Il suffit d'apprendre à rebondir pour mieux faire face à ce type d'expériences par la suite.
Pour résumer : le développement de votre confiance en vous se fera aussi par le passage de certains échecs ; c'est le sens propre de la vie. Néanmoins, plus vous serez sûre de vous, plus vous pourrez établir un lien entre ce que vous ressentez, ce que vous voyez et ce que vous entendez.

MON EXPÉRIENCE

J'avais 11 ans, je me trouvais dans la cour de récréation et je ne sais pas ce qui s'est passé mais, d'un seul coup, je suis allée voir Adrien, un garçon que j'aimais bien, qui était avec un copain, et je lui ai demandé s'il voulait sortir avec moi. Sa réponse fut sans équivoque : « NON ! » Sur le moment, je me suis sentie bête d'avoir osé lui demander, puis honteuse et paumée car j'étais là, seule, à encaisser sa réponse. J'ai digéré la nouvelle en 10 minutes dans la cour d'école, et je suis repartie à mes activités. En une fraction de seconde, grâce à cet échec, j'avais grandi, et la confiance en moi s'était installée, car j'avais pris le risque de demander et le pire m'était arrivé : ça n'était jamais qu'une réponse négative. Cette expérience peut sembler lointaine de la notion spirituelle ou ésotérique, mais elle image bien notre confrontation à la négation et à une réponse qui nous met dans l'inconfort. Lorsque vous tirerez les cartes à une personne ou à vous-même, n'oubliez pas que, en règle générale, le « non » est la réponse première à une guidance donnée. Il est alors nécessaire de prendre une grande respiration, de canaliser ce moment particulier et surtout de laisser la personne en face de vous prendre le temps de réfléchir à ce que vous venez de lui dire pour que la guidance fasse sens.

Cette histoire est un rappel que, même si vous perdez confiance en vous ou dans le développement de vos facultés spirituelles, vous vous en relèverez et tout se passera bien. Vous sortirez plus forte de ces situations désagréables et votre confiance en vous sera bien présente.

Il m'est également arrivé, à mes débuts il y a une vingtaine d'années, de douter de ce que je ressentais ou voyais dans le domaine de la voyance. Il y a eu des moments où je me suis demandé si tout était bon à dire dans les visions. Il y a aussi eu des moments où les prédictions ont mis plus de temps à arriver, tout ne pouvant être contrôlé. Apprendre à se faire confiance est un bon bouclier contre les aléas de la vie.

LE TEST

Comment réagissez-vous lorsqu'une personne vous dit que ce que vous souhaitez faire est une ineptie ?

- 👁 Qu'elle règle d'abord ses propres problèmes avant de venir juger vos envies !
- ☞ Vous tentez d'analyser la situation pour prendre meilleure conscience des dangers potentiels.
- ✶ Vous n'arrivez pas à lui dire ce que vous avez sur le cœur.
- ☾ Vous faites ce que bon vous semble.

Que se passe-t-il dans votre corps lorsque vous décidez d'annoncer une nouvelle qui changera votre vie, mais ne sera pas forcément au goût de tout le monde ?

- 👁 Vous êtes excitée à l'idée de répandre cette nouvelle.
- ☞ Vous annoncez une très mauvaise nouvelle pour faire passer la vraie bonne nouvelle.
- ✶ Vous tremblez par peur d'avoir des réflexions négatives.
- ☾ Vous ne dites rien jusqu'au dernier moment.

Vous sortez le soir dans un bar et rencontrez une personne sensible à tout ce qui touche au paranormal. Que faites-vous ?

- 👁 Vous lui racontez tout ce que vous savez sur le sujet.
- ☞ Vous lui parlez de cette fameuse nuit où vous avez senti une personne dans votre chambre.
- ✶ Vous esquivez le sujet par peur de paraître ridicule.
- ☾ Vous testez vos connaissances sur elle.

Une copine vous montre sa prochaine cible amoureuse. Que faites-vous ?

- 👁 Vous lui faites part de votre ressenti.
- ☞ Vous ne lui dites rien.
- ✶ Vous hochez la tête et retenez ce que vous avez sur le cœur par peur de vous ridiculiser.
- ☾ Vous passez une heure à essayer de lui dire que vous n'avez pas une bonne intuition sur cette personne.

Votre entourage dit que vos prédictions sont calamiteuses. Que répondez-vous ?

- 👁 Ils verront bien par la suite que vous n'aviez pas tort.
- ☞ Vous vous carapatez dans les toilettes pour pleurer.
- ✶ Vous esquissez un sourire gêné.
- ☾ Vous leur demandez pourquoi ils ne croient pas en vous.

Une personne vous dit que la voyance n'existe pas. Comment réagissez-vous ?

- 👁 Vous ne cherchez pas à la convaincre, elle pense bien ce qu'elle veut.
- ☞ Cela vous peine, car la voyance fait partie de votre quotidien.
- ✶ Vous ne comprenez pas bien le but de sa phrase.
- ☾ Vous avez vos preuves que la voyance existe.

Pensez-vous que la voyance est un mode de vie ?

- 👁 Oui, car elle aide dans les choix quotidiens.
- ☞ C'est plus une façon de penser.
- ✶ Pas vraiment.
- ☾ Évidemment, c'est être dans les étoiles tout le temps !

Sur une échelle de 0 à 5, où votre confiance en vous se situe-t-elle ?

- 👁 Entre 2 et 4.
- ☞ Entre 1 et 2.
- ✶ Très bas.
- ☾ Tout en haut de cette échelle.

Selon vous, la confiance est-elle nécessaire pour évoluer dans la spiritualité ?

- 👁 Oui, elle insuffle une certaine sagesse.
- ☞ Non, l'envie suffit.
- ✶ Non, car la confiance n'a pas de rapport avec la spiritualité.
- ☾ Oui, pour pouvoir tout affronter.

Lorsque vous marchez dans la rue, aimez-vous deviner la vie des gens au hasard ?

- 👁 Cela fait un peu psychopathe, non ?
- ☞ Vous adorez cela et le prenez comme un jeu.
- ✶ Vous n'avez pas le temps de vous attarder sur les autres.
- ☾ Oui, et c'est encore mieux de le faire à deux !

LES RÉSULTATS

Vous avez une majorité de 👁

Votre confiance en vous est puissante, vous ne laissez personne vous rabaisser ni mal vous juger sur ce que vous faites et vous avez bien raison, car si vous ne vous imposez pas, personne ne le fera à votre place. Continuez sur cette voie en prenant garde de ne pas vous perdre dans un trop-plein de confiance, afin de pouvoir prendre le recul nécessaire lorsque vous serez face à des forces énergétiques qui vous dépasseront. Ce qui ne veut pas dire changer de fonctionnement, mais simplement rester sur ses gardes lors de travaux spirituels.

Comment pousser sa confiance en soi au maximum ?
L'intention à exercer tous les matins : prenez une grande inspiration, expirez tranquillement, puis réfléchissez à ce que vous souhaitez voir évoluer dans votre confiance en vous. Par exemple : l'intention de ne plus douter de vous ni de vos paroles.
La petite phrase à se répéter pour faire face à tout questionnement autour d'un choix : « Je canalise ma confiance pour voir plus clairement ce qui m'attend. »

Vous avez une majorité de ☞

Vous êtes sensible à certaines phrases et certains mots sont comme un pic dans votre âme. La douceur de votre cœur n'est pas un défaut, au contraire. Vous êtes comme une pimprenelle dans les champs : à la fois hypersensible et droite comme un « i ». Les apparences sont parfois trompeuses, en bien et en mal ; la confiance que vous avez en vous est suffisante, mais une petite dose supplémentaire serait préférable pour éviter de vous laisser envahir par le doute le jour où vous verrez quelque chose d'immatériel. Prenez cette confiance comme un cadeau et non comme un mur qui bloque votre vision de la vie.

Comment ne plus prêter attention aux mots d'autrui ?
L'intention à exercer tous les matins : il est important pour vous de ne pas donner trop d'importance aux ouï-dire à votre sujet. Vous pouvez poser l'intention de ne plus vous sentir rabaissée ou humiliée par le jugement d'autrui. Dites-vous que la parole des autres ne vous appartient pas.
La petite phrase à se répéter pour faire face à tout questionnement autour d'un choix : « Je suis la seule à connaître mon ressenti et personne ne viendra me faire perdre ma joie. »

Vous avez une majorité de ✶

Se justifier, c'est bien ; être sûre de soi sans tout le temps devoir prouver que ce que vous pensez et dites vient de vous, c'est mieux. Il existera toujours des personnes qui mettront votre parole en doute sans le vouloir, c'est humain. Cela ne fait pas plaisir, et à force d'expliquer votre manière de penser et de vivre, vous ne respirez plus et cette oppression vous fait d'autant plus perdre votre confiance en votre ressenti et en votre intuition. Alors, il est parfois nécessaire de se mettre du coton dans les oreilles pour ne plus écouter ni entendre que ce que vous faites n'est pas assez bien ou pas assez valorisant. Plus vous avancerez sur le chemin de la spiritualité, plus vos doutes seront forts ; reprenez le contrôle de vos envies et laissez le reste de côté.

Comment ne plus écouter les gens qui remettent en question notre vision de la vie ?
L'intention à exercer tous les matins : vous savez exactement ce qui est bon pour vous. Faites vos propres expériences et empêchez quiconque de venir vous perturber en plantant certains doutes dans votre esprit.
La petite phrase à se répéter pour faire face à tout questionnement autour d'un choix : « Je suis l'autrice de mes pensées et de mes actes, nul besoin d'en douter. »

Vous avez une majorité de ☾

Vous avez du culot, et pas qu'un peu ! C'est très bien pour la suite de votre aventure, car vous allez devoir ouvrir des portes extraordinaires. Vous avez confiance en vous et en votre jugement, ce qui vous servira lors des prochains travaux. Un petit conseil : ne perdez jamais cette belle flamme qui illumine votre esprit, car elle vous guide dans chacun de vos actes.

Comment garder votre flamme intérieure ?
L'intention à exercer tous les matins : la flamme intérieure est l'étincelle qui brille dans vos yeux, pensez à ne jamais laisser qui que ce soit l'éteindre. L'intention de toujours briller doit être mise au premier plan de votre vie.
La petite phrase à se répéter pour faire face à tout questionnement autour d'un choix : « J'ai le droit d'être fatiguée et de me ressourcer. »

PLACE AU RITUEL

Il est parfois difficile d'acquérir la confiance en soi nécessaire à notre épanouissement. Même si vous en avez déjà, ce petit rituel remettra votre équilibre énergétique en place et votre estime de vous à son sommet.
Au réveil, allumez une bougie rose, focalisez-vous sur sa flamme scintillante et émettez l'intention de reprendre votre estime et votre confiance en vous en main. Regardez la flamme jusqu'à ce que vos yeux commencent à fatiguer, puis soufflez sur la bougie en disant : « Que cette fumée atteigne mon cœur. »

PLACE À LA PRATIQUE

Prenez un petit cahier qui vous servira de « carnet de voyage de la confiance ». Notez tous les jours les choses qui vous ont touchée et marquée durant la journée. Faites le point dessus, prenez une grande inspiration et interrogez-vous sur l'importance de ces ressentis. Enfin, imaginez une poubelle et jetez-y tout ce qui est inutile à vos pensées, à votre joie et à votre vie.

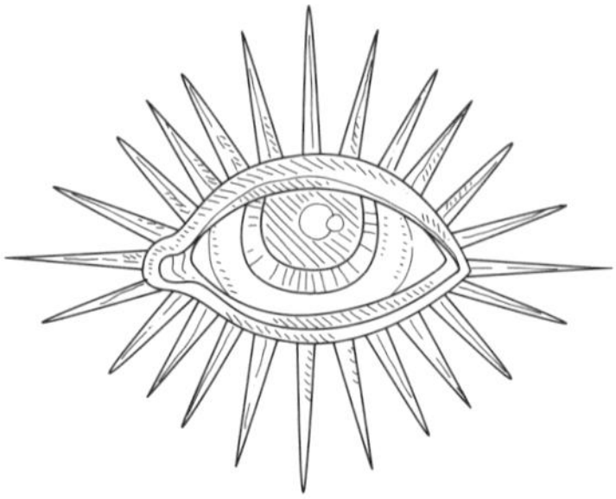

Test 2 * Testez votre lâcher-prise

Le lâcher-prise signifie-t-il devoir mettre de côté votre essence féminine ? Il s'agit en fait d'une méthode qui consiste à savoir perdre le contrôle tout en contrôlant ; intéressant, n'est-ce pas ?
Vous êtes réfléchie, intelligente, téméraire, aventurière, prudente, joyeuse, triste, optimiste, pessimiste, drôle, sensible, belle, sûre de vous, magnifique, merveilleuse, sympathique, exigeante, indulgente, aimante, rancunière, gentille, etc. Vous êtes un tout qui englobe votre essence féminine. Parfois vous prenez les rênes, parfois vous laissez faire en gardant un petit œil pour vérifier que tout se passe bien, parfois vous désirez tout contrôler, et parfois ne rien contrôler du tout car vous n'aimez pas les responsabilités. Tout ce qui a été énoncé fait votre force, mais dans le domaine de la spiritualité, vous serez remise à zéro dans vos habitudes, car les personnes auxquelles vous ferez face ne seront pas forcément comme vous. Les entités, les esprits et les fantômes auxquels vous aurez affaire dans votre vie n'auront pas les mêmes sentiments que vous, ni le même rapport à la sensibilité. De ce fait, toutes vos qualités peuvent ne plus du tout être des avantages si vous ne décidez pas de lâcher un petit peu prise sur vous-même. Cela n'enlèvera rien au fait que vous êtes une bonne personne, mais cela évitera à votre esprit d'être testé par tout ce que vous verrez. De plus, tout contrôler non-stop ne servira qu'à bloquer vos futures visions. Dans la peur du lâcher-prise, il y a la peur de prendre un risque. Sachez que rien de négatif ne vous arrivera et que, quand bien même, rien n'arrive sans raison. Le risque n'est pas un gros mot,

au contraire : il vous permet d'avancer sur votre chemin de vie encore plus tranquillement qu'en gardant le contrôle.
Allez, prêtes à lâcher du lest et à vous envoler vers une légèreté impalpable ?

MON EXPÉRIENCE

J'ai compris que le lâcher-prise était primordial lorsque je tirais les cartes divinatoires. Au début, j'essayais de tout contrôler pour avoir la bonne réponse à mes questions, je ne voulais surtout pas tomber sur la mauvaise carte du jeu par peur de me porter malchance.
Un jour, j'ai pris mes cartes, je les ai mélangées et disposées sur ma table faces cachées, j'en ai choisi cinq avec ma main gauche, celle du cœur, main avec laquelle il m'était impossible de me tromper ou de faire un mauvais tirage. Le lâcher-prise est venu au moment de choisir mes cartes : j'ai placé ma main au-dessus d'elles et, au moment où je sentais un petit peu de chaleur en émaner, cela signifiait que mon choix devait se porter dessus. De cette expérience est venue une conclusion : si vous essayez de faire les choses mécaniquement et parfaitement, le tirage ne fonctionnera pas et si, au contraire, vous laissez parler votre cœur, vous ne vous tromperez jamais. Faites confiance à ce que les cartes vous transmettent comme émotions au moment du tirage.

LE TEST

Que faites-vous lorsque vous ne contrôlez plus la situation ?

- 👁 La pression monte et votre colère explose.
- ☞ Vous laissez l'univers faire son travail.
- ✶ Pour vous, peu importe le résultat, il y a toujours une raison à tout.
- ☾ Vous n'êtes pas adepte du contrôle total, alors peu importe.

Vous vous tirez les cartes divinatoires et les réponses ne sont pas celles que vous attendiez. Que faites-vous ?

- 👁 Vous retirez les cartes vingt fois jusqu'à obtenir votre bonne réponse.
- ☞ Vous vous dites que ce jeu ne vous correspond pas.
- ✶ Vous essayez de prendre votre mal en patience et attendez un ou deux jours avant de tirer à nouveau les lames pour voir si la guidance change.
- ☾ Vous appelez une voyante pour comparer vos tirages.

Une amie vous propose de sortir de votre zone de confort et d'aller voir une conférence sur la médiumnité et le contact défunt. Qu'en pensez-vous ?

- 👁 Vous avez peur que le médium parle de l'un de vos défunts.
- ☞ Même si vous êtes à fond dans la spiritualité, vous restez perplexe quant aux messages que le public reçoit dans ce genre d'événements.

✶ Vous avez hâte d'y être et de recevoir un message de l'un de vos défunts..
☾ Les morts sont bien mieux au cimetière que dans une salle, à donner un show.

Que pensez-vous de l'affirmation suivante : « Le karma réside en chacun de nous » ?

👁 Vous faites tout pour être parfaite et ne pas recevoir les foudres du karma.
☞ Vous laissez le karma de côté, car ce n'est pas lui qui fera la pluie et le beau temps dans votre vie.
✶ Vous tentez de respecter cette loi karmique pour pouvoir vivre sereinement votre existence.
☾ Le quoi ?

Pour vous, « lâcher-prise » est synonyme de :

👁 Faiblesse.
☞ Force.
✶ Courage.
☾ Perte de temps.

Vous entendez un bruit inhabituel chez vous...

👁 Vous vous enfermez dans votre chambre.
☞ Vous réfléchissez à ce qui aurait pu le produire.
✶ Vous respirez et reprenez votre calme.
☾ Vous sortez sur-le-champ.

Quel lien faites-vous entre les mots « lâcher » et « prise » ?

- 👁 Ils sont contradictoires.
- ☞ Ils sont complémentaires.
- ✶ Ils permettent de mettre un mot sur une émotion compliquée.
- ☾ Ils sont comme le yin et le yang.

Choisissez un des supports suivants :

- 👁 Les cartes divinatoires (oracles, tarots).
- ☞ Les runes (divination celtique par les pierres ornées d'un symbole).
- ✶ La boule de cristal.
- ☾ Le pendule.

Selon vous, y a-t-il un lien entre magie et voyance ?

- 👁 La magie n'existe pas.
- ☞ Tout est lié.
- ✶ Je ne sais pas trop.
- ☾ L'une n'existe pas sans l'autre.

Pensez-vous que contrôler vos paroles, vos faits et vos gestes soit un atout pour les arts divinatoires ?

- 👁 Vous contrôlez vos paroles pour ne pas tout dévoiler.
- ☞ Il ne faut pas tout contrôler non plus.
- ✶ Cela peut aider si vous êtes face à un événement étrange.
- ☾ Au contraire, cela peut tout bloquer.

LES RÉSULTATS

Vous avez une majorité de 

Le lâcher-prise n'est pas votre point fort ! Mais imaginez un monde où tout est plus accessible, plus facile, moins prise de tête et surtout où vous n'avez pas à TOUT gérer à la seconde près… C'est possible, et même tout à fait envisageable.
Les trahisons et blessures que vous avez subies ont dû vous endurcir inconsciemment et c'est pour ces raisons qu'il vous est difficile de vous relâcher, mais avec un peu de résilience et de travail sur ce qui vous empêche d'être réellement vous, la décontraction psychique sera de retour dans votre vie.

Comment relâcher ce qui vous oppresse pour vivre sereinement ?
L'action à faire tous les matins : fermez les yeux, imaginez toutes les choses qui vous oppressent et mettez-les dans un sac virtuel. Visualisez-vous en train de fermer ce sac et de le jeter à la poubelle ; vous vous délesterez ainsi de vos pensées perturbatrices du quotidien.
La petite phrase à se répéter pour faire face à tout questionnement autour d'un choix : « Le pardon de mes actes et de ceux des autres me guidera vers ma tranquillité. »

Vous avez une majorité de 

Vous êtes très proche du lâcher-prise et avoir le contrôle sur tout ce qui vous entoure ne fait pas partie de votre ADN. Vous êtes consciente de votre propre chemin et n'avez nul besoin de faire en sorte que tout soit parfait, car la perfection vous ennuie grandement ! Être en accord avec vos convictions et avoir une approche personnelle de votre existence est positif. Vous n'êtes pas adepte non plus de tout ce qui ressemble au développement personnel, car vous seule avez la réponse à vos tracas et à vos questionnements. Vous pourriez néanmoins mettre en place un peu plus de magie dans votre quotidien pour sortir de la monotonie.

Comment sortir de la monotonie ?

L'action à faire tous les matins : osez faire quelque chose de nouveau, comme adopter une nouvelle tenue vestimentaire, lire un livre qui sort de vos habitudes ou même découvrir un nouvel endroit. Cette action, aussi petite soit-elle, doit être totalement inédite.

La petite phrase à se répéter pour faire face à tout questionnement autour d'un choix : « Je me laisse aller à m'autoriser à avoir plusieurs choix pour une situation. »

Vous avez une majorité de ✶

Le self-control est votre ami, ainsi que votre guide. Vous êtes dans la douceur et la diplomatie. L'erreur est possible et importante pour évoluer selon vos propres croyances. Pour vous, la vie est telle que vous vous la construisez et, s'il y a une embûche sur votre chemin, vous sautez par-dessus pour avancer à votre rythme. C'est beau et sage, mais peut-être un peu trop, non ? La tranquillité est vitale pour vous, jusqu'à empêcher quiconque d'entrer dans votre vie et encore moins avec un brin de folie. Au cours de votre évolution spirituelle – et d'autant plus si vous travaillez votre voyance et votre médiumnité –, vous allez être confrontée à des choses que vous n'avez pas l'habitude de voir : des êtres de lumière, des entités, et bien d'autres apparitions. Relaxez-vous et ouvrons ensemble votre excentricité psychique.

Comment accueillir les choses qui diffèrent de votre façon de voir la vie ?

L'action à faire tous les matins : mettez-vous face à un miroir, concentrez-vous sur votre regard et prenez conscience de ce qui vous est propre. Vous êtes unique. Par exemple : votre attrait pour la voyance peut vous différencier des personnes qui vous entourent. Après avoir accepté que votre façon de voir la vie peut ne pas être partagée, un sentiment de

légèreté envahira votre esprit. Lorsque cette notion d'acceptation sera ancrée en vous, esquissez un joli sourire devant ce miroir et commencez votre merveilleuse journée.
La petite phrase à se répéter pour faire face à tout questionnement autour d'un choix : « Tout n'est pas figé dans mon existence et je veux voir de la magie dans ma vie : j'en sortirai plus forte et plus grande. »

Vous avez une majorité de 

Vous êtes ce que j'appelle « un être totalement indépendant et nomade ». Peu importe où vous vous trouvez sur cette Terre, le plus important est que vous soyez heureuse. Quelle force ! Être indépendante va vous ouvrir beaucoup de portes, notamment dans tout ce qui touche à l'au-delà. Cependant, prenez garde à ne pas être trop en retrait des autres pour vivre votre vie comme vous l'entendez ; être indépendante a du bon, mais à trop vous reclure dans votre liberté, vous risquez également de vous y enfermer.

Comment doser sa propre liberté ?
L'action à faire tous les matins : posez la main gauche sur votre cœur, fermez les yeux en vous remémorant tout ce que vous avez accompli jusqu'à présent et qui a construit votre personnalité – comme vos voyages ou explorations spirituels –, tout en prenant conscience de la liberté déjà acquise dans votre existence. En ôtant la main gauche de votre cœur, octroyez-vous la liberté d'en vouloir plus et de ne surtout pas poser de limites à vos désirs.
La petite phrase à se répéter pour faire face à tout questionnement autour d'un choix : « J'aime ma vie telle qu'elle est. Et si je faisais un petit pas vers le monde extérieur pour voir ce qu'il s'y passe ? »

PLACE AU RITUEL

Le lâcher-prise est une notion qui peut s'avérer compliquée à mettre de côté, car plus vous contrôlez, plus vous avez l'impression (je parle bien d'impression) que rien ne vous échappe. C'est en fait tout le contraire : en contrôlant tout, vous ne laissez pas de place à la surprise ni à l'improvisation, car tout se bloque dans votre esprit et dans votre corps. Effectivement, vous êtes maîtresse de votre existence, mais, parfois, autoriser une once de laisser-aller peut vous apporter nombre de belles choses.

Pour ce rituel, je vous propose de vous munir d'une bougie jaune. À la tombée de la nuit, allumez-la avec l'intention de vous débarrasser de ce fardeau qu'est le contrôle. Regardez la flamme et dites à voix haute : « Je me laisse guider par l'improvisation pour être surprise de la beauté de la vie et de tout ce qui l'entoure. »

Éteignez la bougie en soufflant dessus, remerciez l'univers, vos guides, le Soleil, la Terre, tout ce qui vous fait vibrer, et dites-vous prête à recevoir !

PLACE À LA PRATIQUE

Il y aura bien un jour où une situation vous échappera, que ce soit dans votre vie sociale, professionnelle ou spirituelle… Respirez : tout va très bien se passer !

Lorsque vous sentirez monter cette envie frénétique de tout contrôler, je vous propose de l'arrêter immédiatement. C'est-à-dire ? Prenez une grande respiration en vous concentrant sur cette émotion qui vous submerge et vous met dans une situation inconfortable. Vous avez une impression d'urgence pour le moment, mais gardez bien en tête que cette urgence peut attendre et, à terme, ne plus avoir autant d'importance à vos yeux. Reprenez vos esprits, dites « stop » à cette émotion inutile à ce moment précis et dites-vous que la situation va se décanter, qu'elle s'arrangera avec le temps. Parfois, il n'est pas important d'absolument tout maîtriser. Ceci est un simple conseil, pas besoin de cure détox pour vous aider, le simple « stop » vous donnera un coup de pouce considérable. Si cela ne fonctionne pas la première fois, ne le prenez pas comme un échec ; réessayez jusqu'à réussir.

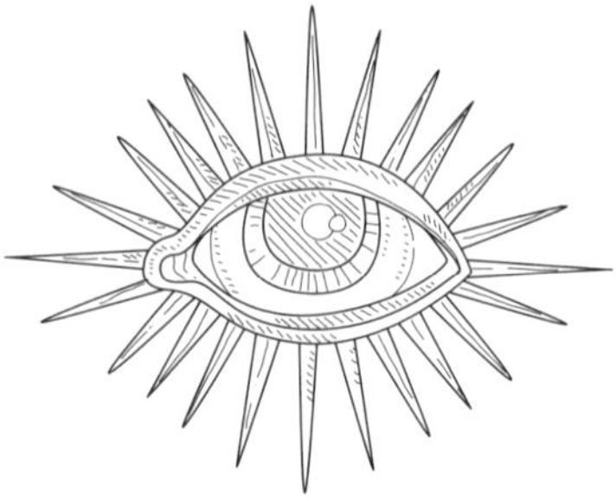

Test 3 ✷ Testez votre enfant intérieure

Qui est votre enfant intérieure ? Comment la trouver ? Comment en tirer tout le potentiel afin de vous épanouir ?
L'enfant intérieure qui réside dans votre âme vous représente. Vous souvenez-vous de cette petite fille qui rêvait d'être astronaute ? Qui voulait sauver les animaux ? Qui prônait la tranquillité de l'insouciance ? Qui fonçait faire ce qui lui semblait juste tout simplement parce qu'elle en avait envie ? Et peu importait le jugement des autres, car tout ce qui comptait pour elle était d'être heureuse. Vous souvenez-vous de cette enfant qui voulait être populaire ? Qui n'avait pas d'amis ? Qui avait peur de rentrer chez elle à cause de ses mauvaises notes ? Qui n'attendait que l'heure de la récréation ? Cette enfant, cette jeune fille, c'est VOUS !
Votre enfant intérieure va vous aider à vous sentir libre, comme avant, à réaliser vos rêves et à vous (re)trouver. Cherchons-la ensemble ! Par exemple, en grandissant, nous gardons certains souvenirs marquants de notre enfance qui ont forgé notre personnalité actuelle. Certains parfums, certaines odeurs de poupée, de rentrée des classes, et surtout certains rêves résident en nous, dans notre cœur.
Certaines d'entre vous, pour ne pas dire toutes, souhaitent pouvoir prédire l'avenir pour elles et pour les autres. Cette envie significative d'une connexion avec la voyance vous donne la clé qui ouvrira toutes les portes de votre intuition, de votre ressenti et de votre enfant intérieure.

MON EXPÉRIENCE

J'ai toujours su au fond de moi que j'étais différente, que j'aimais des choses peu communes et que mes passions différaient de celles de mes amies. En grandissant, j'ai voulu me fondre dans la masse pour ne pas être remarquée ; je ne disais pas la vérité sur mes pensées et je parlais de spiritualité, de voyance et de médiumnité uniquement avec des aguerris. Je me suis fatiguée à imiter les autres et à ne pas vivre en étant telle que j'étais au sein de la société. La clé pour vivre tranquillement votre vie est de ne pas faire comme tout le monde si cela ne résonne pas en vous, de ne pas vous forcer à être une personne différente ; autrement, vous passerez à côté de vous-même. Utilisez votre enfant intérieure comme un guide de lumière, retrouvez cette fougue, cette envie de tout explorer, et surtout, ne perdez pas de temps à essayer de plaire aux autres. Grâce à cela, tout ce qui émane de vous spirituellement se mettra en place et vous offrira une vie pleine de beauté et de magie.

LE TEST

Avez-vous souvenir d'un élément marquant de votre enfance ?

- 👁 Votre ours en peluche.
- ☞ Votre année de CP avec Elsa, votre meilleure amie.
- ✶ Vous n'avez pas souvenir d'un événement marquant en particulier.
- ☾ Vous n'aimez pas cette période.

Quel style de musique préfériez-vous à cette époque ?

- 👁 Les boys band.
- ☞ La musique classique.
- ✶ Les comptines pour enfants.
- ☾ Le rock and roll.

Quel était votre rêve ?

- 👁 Construire une arche de Noé.
- ☞ Devenir une sorcière.
- ✶ Être maîtresse d'école.
- ☾ Être sur une île sans adultes.

Qui était votre meilleur·e ami·e ?

- 👁 Samantha du CE2 : elle avait toujours plein de bonbons.
- ☞ Ricky, votre chat.

✶ Lou, votre voisine avec qui vous vous déguisiez.
☾ Les meilleur·es ami·es, c'est surfait !

Quel adjectif utiliseriez-vous pour définir votre enfance ?

👁 Rocambolesque.
☞ Heureuse.
✶ Folle.
☾ Inexistante.

Que signifie pour vous « enfant intérieure » ?

👁 La petite fille restée bloquée à 5 ans, en maternelle.
☞ La petite étincelle qui illumine vos souvenirs.
✶ La petite fille qui vous donne la force d'avancer.
☾ Le sentiment de ne pas être seule lorsque quelque chose ne va pas.

Avez-vous peur de remonter vos souvenirs d'enfance ?

👁 Pas du tout.
☞ Vous avez encore des questions non élucidées.
✶ Vous adorez repenser à votre enfance.
☾ Il faut vivre le moment présent et ne pas s'attarder sur votre enfance.

Comment percevez-vous votre enfant intérieure ?

👁 Vous ne la percevez pas.
☞ Vous la gardez secrète afin de ne pas passer pour une hurluberlue.

✶ Vous auriez adoré la connaître, mais vous n'y arrivez pas.
☾ L'enfant intérieure n'existe pas.

Avez-vous déjà eu un ami imaginaire ?

👁 Oui, mais chut !
☞ Pour quoi faire ?
✶ C'est un peu étrange, d'avoir un ami qui n'existe pas.
☾ Jamais.

Avez-vous besoin de preuves sur certains faits de votre enfance ?

👁 Il y a encore des souvenirs flous.
☞ Je connais l'histoire de mon enfance.
✶ Je n'éprouve pas ce besoin.
☾ Je n'ai aucune mémoire concernant mon enfance.

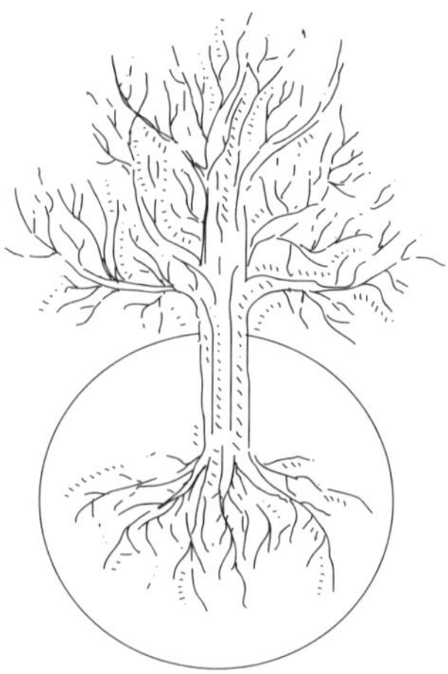

LES RÉSULTATS

Vous avez une majorité de

Quelle insouciance ! Vous êtes une petite fée en pleine émergence. L'assistance à autrui est importante pour vous et le bien-être de vos proches prime avant tout ! Si vous n'aviez pas de prénom, je vous aurais appelée « Mère Teresa ». De l'or coule dans vos paroles, vos mots ont la faculté de guérir et apaiser. Un simple coup de fil et hop ! Vous avez reboosté la personne. On le sait toutes : les fées sont magiques et vous l'êtes tout autant ! Alors, un petit conseil, écoutez votre petite fille intérieure qui ne demande qu'à sortir et à commencer votre réel chemin de vie. Tout n'est pas tracé tant que nous ne nous penchons pas sur le sujet. C'est le moment idéal pour vous et je ne suis pas peu fière d'assister (même de loin) à votre transformation.

Comment se lancer dans le soin par la parole ?
À travailler : commencez par travailler votre voix. Par exemple, initiez-vous au chant médicinal, à l'hypnose ou à l'accompagnement de personnes à la recherche d'un apaisement émotionnel. Pourquoi pas les enfants ?
À peaufiner : votre approche émotionnelle, afin d'être en meilleure osmose avec la voix qu'avec l'esprit et ainsi pouvoir transmettre votre force de guérison et d'apaisement.

Vous avez une majorité de

Avouez ! Oui, avouez avoir déjà essayé de voler avec un balai, sans succès ! Connaissez-vous la série télévisée *Charmed* ? Eh bien, vous faites partie de ces sorcières en devenir. Les potions magiques et les filtres de réussite n'auront bientôt plus de secrets pour vous. Vous êtes autonome et votre côté solitaire a du bon. Il est maintenant temps de vous lancer, de vous documenter, de lire des livres adaptés à vos envies, car plus vous refoulerez ces dernières, plus vous vivrez dans votre propre ombre, et quel dommage ce serait !

Comment faire naître la sorcière qui vit en vous ?
À travailler : commencez par vous renseigner sur les vertus des plantes, les rituels lunaires et le cycle des saisons.
À peaufiner : gardez votre grain de folie, car c'est grâce à lui que tout explosera dans votre esprit et fera naître la sorcière que vous êtes.

Vous avez une majorité de ✶

Vous êtes pragmatique, ce que j'appelle « la scientifique spirituelle ». Avez-vous déjà entendu parler de géobiologie ? De baguette de sourcier ? D'énergie d'un lieu ? Les éléments comme l'air, le feu, la terre et l'eau vous conviennent parfaitement, un peu comme une deuxième peau. Votre sensibilité réfléchie vous mènera vers des sentiers plus mystiques, vers des lieux historiques chargés de façon plus ou moins magique. Laissez-vous embarquer par votre propre train : vos prochaines connaissances vous nourriront. Vous vous apprêtez à entamer un voyage initiatique.

Comment devenir une future reine des terres ?
À travailler : lisez des livres sur la géobiologie, renseignez-vous sur certaines énergies de lieux habités ou non. Amusez-vous à vous procurer des baguettes de sourcier. Partez en initiation grâce à des stages.
À peaufiner : restez telle que vous êtes, les pieds sur terre, et autorisez-vous à voguer dans vos rêveries, vous y rencontrerez de belles personnes.

Vous avez une majorité de ☾

Quel peps ! Vous êtes dotée d'un don que nous appelons la « clairvoyance ». Vous êtes faite pour le paranormal, pour tout ce qui touche au domaine du spirituel et de la médiumnité. Vos flashs, vos visions ne sont plus à démontrer, je dirais même que vous êtes pourvue d'un don de prémonition. Le meilleur conseil que je puisse vous donner est de ne surtout pas lâcher ce cadeau de l'univers et de continuer à rester « perchée » sur votre branche mystique.

Comment faire évoluer vos facultés ?
À travailler : restez précise sur vos visions et vos flashs, notez bien tout ce qui se passe dans votre vie diurne et nocturne. Restez dans la réalité sans vous oublier.
À peaufiner : allez encore plus loin, creusez au maximum vos capacités.

PLACE AU RITUEL

Dans ce rituel, je vous propose d'explorer vos capacités, vos envies et votre Moi profond. Il est parfois compliqué de vivre exactement de la façon que nous souhaitons, et à cause de cet état, nous passons à côté de notre réelle vocation. Ici, plusieurs profils existent : la fée, la sorcière, la druidesse et la voyante. Toutes ont des facultés bien précises qui sont utiles pour elles, vous et notre monde.
Le soir d'une pleine lune, prenez de la sauge blanche et une bougie rose, puis faites brûler les deux en même temps. Récitez la phrase suivante : « Par cette flamme, je demande à me réaliser ; par cette flamme, je demande à me trouver. »

PLACE À LA PRATIQUE

Pour vivre avec votre enfant intérieure, effectuez le petit exercice suivant, qui vous permettra d'être en communion avec elle. Le matin, au réveil, lavez-vous le visage à l'eau claire, puis passez du savon sur votre peau et émettez l'intention suivante : « J'ouvre la porte à mon enfant intérieure, et plus je passe l'eau sur mon visage, plus elle apparaît clairement. »

POUR CONCLURE SUR LA CONFIANCE EN SOI

La confiance en soi est LA clé de votre bonheur, mais aussi de votre développement personnel et de vos facultés spirituelles. Cette confiance est innée – vous êtes née avec –, mais certains aléas de la vie font qu'elle disparaît parfois pour faire place au doute.
Ces événements passés ne peuvent être changés. Permettez à la confiance de reprendre racine en vous : grâce et avec elle, vous irez loin dans la voyance et dans votre développement psychique. La confiance est votre meilleure alliée.

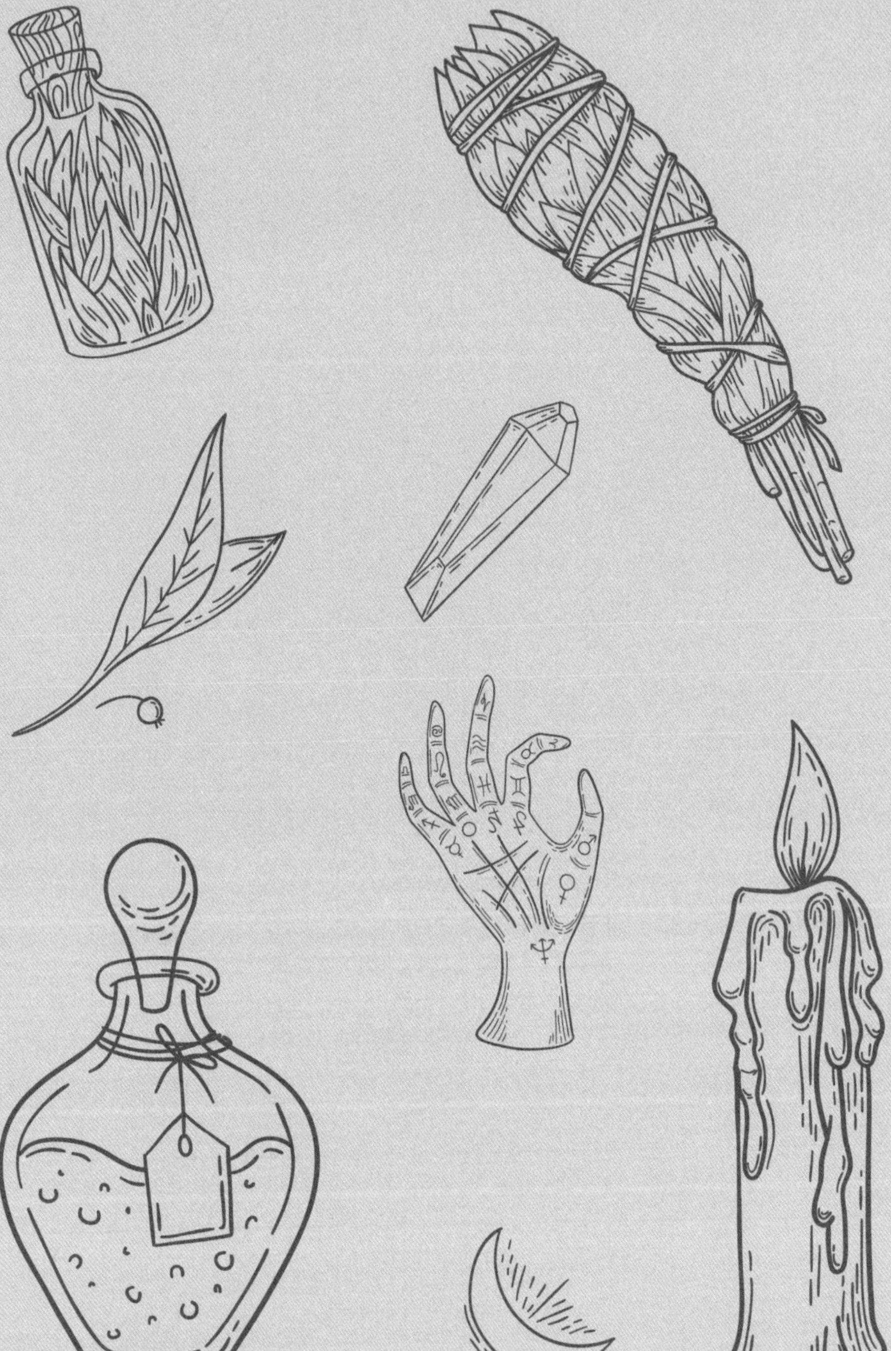

CHAPITRE IV

LE BRUIT

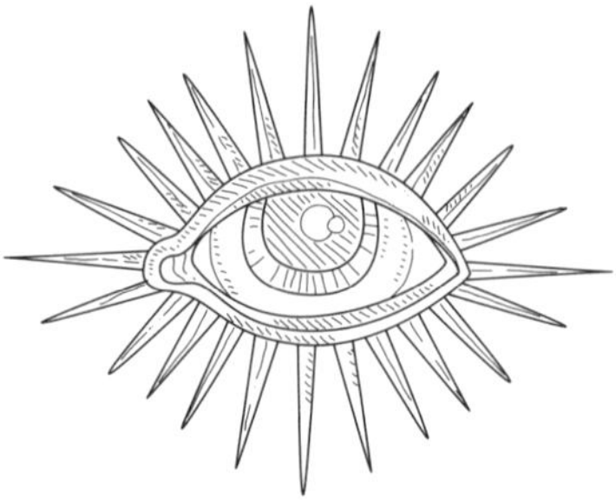

Test 1 ✷ Testez les sons qui vous entourent

Les sons nous entourent tout le temps, que ce soient les bruits de voiture, d'un micro-ondes, de l'air, de la pluie, ou encore les fameux bruits qui peuvent faire peur, comme une porte qui claque ou un parquet qui grince. Dans cette partie, vous allez apprendre à canaliser votre énergie sur ces sons afin de bien cibler et préciser votre ouïe. Certains bruits sont uniquement parasitaires, ils n'ont pas d'utilité, tandis que d'autres vous aiguilleront sur le monde qui vous entoure. Ce chapitre est fait pour vous mettre dans le bain de la clairaudience. Vous n'allez pas entendre des voix tout de suite, mais vous allez apprendre à vous écouter en écoutant votre espace de vie.

Dans ce chapitre, l'écoute est très importante car elle va vous guider vers votre ouverture d'esprit, vous aider à savoir exactement ce que vous ressentez au moment présent et à déterminer le rôle des bruits dans votre quotidien et votre existence. Portez attention à ces derniers, sans trop vous focaliser dessus non plus ; vos oreilles sont votre lumière dans le noir, elles vous éclairent sur ce que vous vivez au moment M. En une fraction de seconde, vous saurez si ce qu'il se passe est normal ou non. La magie de la clairaudience existe, elle est en vous, elle est vous. Les bruits ont la capacité de vous mettre mal à l'aise ou encore de faire monter votre taux d'adrénaline. Il est donc nécessaire d'étudier les manières de dédramatiser et de ne pas se mettre dans un scénario compliqué. Les bruits sont naturels.

MON EXPÉRIENCE

Lorsque j'ai commencé à découvrir ma médiumnité, un tas de bruits venaient à mes oreilles. Au début, j'en ai eu très peur, car je ne les contrôlais pas et ignorais d'où ils venaient. Avec le temps, j'ai compris que ces bruits me guidaient pour savoir à quoi j'étais confrontée : une entité ? Un bruit qui venait de chez mes voisins ? Un soir, dans le couloir de chez mes parents, j'ai entendu des bruits de pas. J'en avais une peur bleue mais, à ce moment-là, une question m'est parvenue : « Suis-je obligée de subir cette peur toute ma vie ou dois-je l'affronter ? » C'est alors que j'ai pris mon courage à deux mains et suis allée dans ce couloir. J'y ai senti une présence invisible à l'œil nu, et ai compris que mon cerveau était en train d'ouvrir la porte de l'extrasensoriel. Par la suite, j'ai vécu d'autres événements étranges causés par des bruits. Sachez que vous êtes également capable de les contrôler et de vivre avec eux. La peur ne doit pas vous empêcher de vivre sereinement votre évolution spirituelle. « Il y en a tellement », me direz-vous, mais certains sont plus intéressants que d'autres, et d'autres vous mèneront même à une certaine méditation, telle une rêverie consciente.

LE TEST

À quoi pensez-vous lorsqu'une de vos portes claque ?

- 👁 « Oh mon Dieu, il y a un fantôme ! »
- ☞ « On me cambriole ! »
- ✶ « Ce n'est rien, juste un courant d'air. »
- ☾ Vous sortez de chez vous afin d'éviter la psychose.

Lorsque vous êtes dans votre lit et que la pluie tombe sur votre fenêtre, quel est votre état d'esprit ?

- 👁 Vous vous dites que c'est le moment idéal pour essayer vos nouvelles cartes divinatoires.
- ☞ Vous adorez ce son et savourez ce moment au chaud sous la couette.
- ✶ Vous détestez la pluie : ça mouille et ça fait friser vos cheveux.
- ☾ Vous essayez d'en récolter dans un petit bol : être écolo, ce n'est pas qu'une histoire de tri sélectif !

Vous êtes réveillée en pleine nuit par le bruit de la télévision, alors qu'elle était éteinte. Quelle est votre réaction ?

- 👁 Vous prenez une batte de baseball et allez voir ce qu'il se passe.
- ☞ Vous vous cachez sous votre couette et suffoquez jusqu'au lever du jour.
- ✶ Pour vous, c'est une visite nocturne d'ordre spirituel.
- ☾ Vous n'avez pas de télévision, donc la question ne se pose pas.

Vous entendez frapper trois fois à votre porte, mais lorsque vous l'ouvrez, il n'y a personne. Que pensez-vous ?

- 👁 C'est un admirateur secret qui n'ose pas vous parler directement.
- ☞ Les blagues d'enfant vous fatiguent.
- ✶ Vous avez connaissance des esprits frappeurs et priez pour que ce n'en soit pas un.
- ☾ Qu'on vous laisse tranquille !

Vous entendez les voisins parler très fort, mais pas de chance, ils sont partis en vacances ; que faites-vous ?

- 👁 Vous appelez la police.
- ☞ Vous cognez aussi fort que possible contre le mur pour que cela cesse.
- ✶ Vous prenez votre Ouija, car c'est le moment idéal pour vous de tester vos aptitudes.
- ☾ Vous appelez une amie pour trouver une explication rationnelle et vous rassurer.

Vous entendez des bruits de pas au-dessus de chez vous, mais vous habitez au dernier étage, vous :

- 👁 Pensez à autre chose pour canaliser votre peur.
- ☞ Vous enfermez dans votre chambre et vous cachez sous votre couette.
- ✶ Allez voir sur le palier si ce que vous entendez est bien réel.
- ☾ Décidez de partir pour ne pas devoir subir ces bruits.

Vous êtes sur le point de vous endormir et entendez quelqu'un chuchoter votre prénom à votre oreille, vous :

- 👁 Demandez que cela s'arrête tout de suite.
- ☞ Appelez une amie pour le lui raconter.
- ✶ Essayez de vous rendormir, sans succès.
- ☾ Répondez à ce chuchotement par un : « Oui ? »

Pour vous, les bruits que vous entendez lorsque personne ne se trouve dans votre lieu de vie proviennent :

- 👁 De votre imagination.
- ☞ De votre ange gardien, qui vous envoie un signe.
- ✶ D'un esprit.
- ☾ D'un voisin qui fait trop de bruit.

Un matin, au réveil, vous entendez une musique de votre enfance, sans que la radio ne soit allumée. Que faites-vous ?

- 👁 Vous vérifiez que tous vos appareils sont bien éteints.
- ☞ Vous la chantez à tue-tête.
- ✶ Vous faites remonter vos doux souvenirs d'enfance.
- ☾ Vous sortez prendre l'air.

Une amie vous propose de passer le week-end dans sa vieille maison familiale et vous prévient que vous pourriez entendre des bruits étranges...

- 👁 Vous déclinez son invitation.
- ☞ Vous emmenez tous vos porte-bonheur.
- ✶ C'est l'occasion idéale de tester vos ressentis.
- ☾ Vous tendez l'oreille et essayez tant bien que mal de ne pas avoir trop peur.

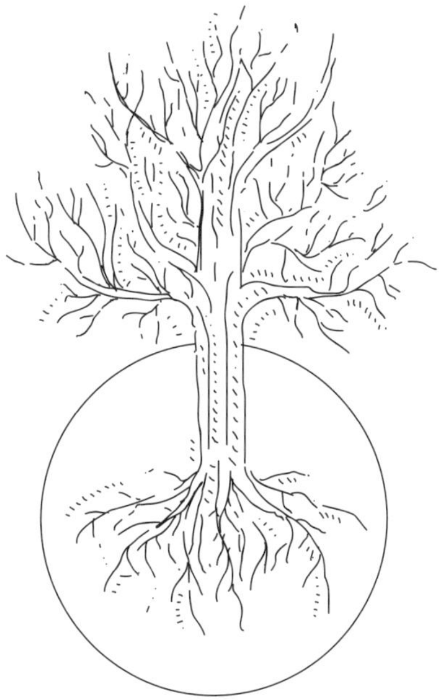

LES RÉSULTATS

Vous avez une majorité de

La protection est vitale pour vous, personne ne doit venir vous embêter ni nuire à votre équilibre journalier. Il se peut que vous vous laissiez aller à certaines pensées qui peuvent vous effrayer, mais le principal est de vous reprendre et de ne pas permettre aux intrusions sonores de vous parasiter. Peut-être pourriez-vous élaborer un petit protocole de protection afin de ne pas vous laisser envahir par la peur ?

Votre petit protocole de protection contre la peur.
À se procurer : une feuille blanche et un stylo.
À mettre en place : écrivez sur la feuille : « Rien ni personne ne doit venir me perturber, je suis protégée. » Gardez-la précieusement près de vous lorsque vous sentirez la peur monter dans votre esprit.

Vous avez une majorité de

Vous rêvez de communiquer avec les sons qui vous entourent, n'est-ce pas ? Vous êtes sensible, voire ultrasensible, et vous ne savez pas par quoi commencer. Le plus simple est de vous focaliser sur ces bruits. Si l'un d'entre eux vous semble trop intrusif, tentez de capter pourquoi et comment vous en débarrasser. Vous avez une force de caractère conséquente, mais attention à ne pas vous sentir invincible et à foncer tête baissée sans cibler exactement le sujet que vous souhaitez creuser.

Comment bien capter les bruits pour connaître leurs secrets ?
À se procurer : un carnet où vous pourrez tout noter.
À mettre en place : notez tout ce que vous entendez d'inhabituel, vos impressions, ainsi que la date, l'heure et le jour de l'écoute. Vous verrez

au fil des jours que votre acuité se précisera considérablement. Certains sons seront de l'ordre du vivant, du terrestre, tandis que d'autres seront de l'ordre du spirituel.

Vous avez une majorité de ✶

Vous avez déjà un certain niveau dans le domaine de la voyance et de la clairaudience. Le tout est de ne pas vous exposer à certaines expériences désagréables. Vous cherchez vos supports, êtes à l'affût de tout ce qui se passe chez vous et les entités ne vous font pas peur. C'est bien ! Maintenant, il va falloir canaliser tout cela pour encore mieux apprendre de vos facultés.

Comment vous aider à mieux capter ce qu'il se passe autour de vous ?

À se procurer : un dictaphone.

À mettre en place : le dictaphone est très utile lorsque nous avons des doutes sur la provenance des bruits environnants. Pour vous, il sera un appui, un outil qui vous aidera à écouter tout ce qui vous entoure et à mettre des mots et des pensées sur des sons en particulier.

Vous avez une majorité de ☾

Vous êtes à la fois sceptique et intriguée par les bruits qui vous entourent. Tout ce qui vous paraît normal est acquis, mais ce qui vous échappe vous met dans un état proche de la psychose incontrôlable. Prenez le temps d'apprendre et d'écouter : il y a un moment pour tout et, vous concernant, il serait intéressant de commencer par certaines lectures qui démystifieront les « bruits bizarres » auxquels vous avez affaire.

Par où commencer sans que cela empiète sur votre vie tranquille ?

À se procurer : des livres, plein de livres ! Sur le thème de la spiritualité, sur la vie de certains médiums qui pourront vous apaiser car, finalement, vous n'êtes pas seule sur ce chemin.

À mettre en place : commencez par une petite initiation. Lorsque vous lirez un livre sur les thèmes cités ci-dessus, notez tout ce qui vous sensibilise, tout ce qui résonne en vous. Il existe de très bons ouvrages sur la spiritualité, qui peuvent vous ouvrir une porte sans vous pousser à vous jeter à corps perdu dans un thème qui ne vous plairait pas.

PLACE AU RITUEL

Pour commencer votre initiation, commencez par vous faire plaisir : les étapes seront propres à votre précieuse évolution et à vos envies. Qui a déjà appris sans lire ? Il y a des lectures fort intéressantes dans les rayons ésotériques des librairies. Prenez le temps de lire les titres et d'observer les couvertures, car tout cela résonnera en vous et vous pourrez alors ouvrir les portes de la connaissance grâce à votre sensibilité.

PLACE À LA PRATIQUE

Prenez une feuille et divisez-la en deux parties en traçant un trait en son milieu. Sur la première moitié, notez tout ce que vous avez entendu et fait dans le domaine spirituel (méditation, stage chamanique et autres curiosités). Sur la deuxième, notez tous les thèmes que vous souhaitez aborder (voyance, contact défunt, cartes divinatoires…). Grâce à ce papier, vous aurez fait un point général et pourrez continuer votre quête dans la direction parfaite !

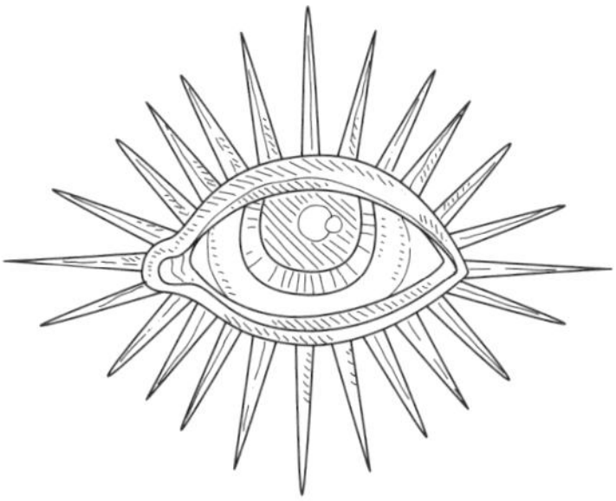

Test 2 ✸ Testez le silence qui vous entoure

Une phrase très commune dit : « Le silence est d’or. » Les prochains tests vont vous permettre de parfaire votre patience et votre écoute du silence. Telle une réelle introspection, vous allez d’un seul coup tomber dans votre Moi intérieur en faisant abstraction du monde qui vous entoure.
Il est possible que vous soyez un jour confrontée au silence. Il peut être synonyme de paix comme de peur, le tout est de savoir vous écouter pour ne pas tomber dans la psychose et créer ainsi une peur irrationnelle. L□ introspection passe par le calme ; elle vous permet de mettre en exergue vos émotions, vos humeurs et vos choix du moment. Il se peut aussi que vous ayez besoin de ce silence pour pouvoir vous concentrer pour tirer les cartes à une amie ou pour vous-même, puis que, un autre jour, vous souhaitiez animer ce tirage avec de la musique. Rien n’est figé et tout dépend de votre ressenti du moment.

MON EXPÉRIENCE

Il m'a fallu quelques années pour être à l'aise avec le silence, car il était pour moi synonyme de peur, et de bruits étranges et incontrôlables. J'ai finalement pu me confronter à ces émotions. Ce jour-là, j'ai compris que tout ce que j'avais en tête depuis le début de mon exploration était les clichés que la société, les films et les histoires racontaient.

Un soir, au coucher, j'étais tranquillement dans mon lit avec mon compagnon. Lui dormait et, je ne sais pas pourquoi, le silence pesait dans la chambre. J'essayais de me concentrer sur mon sommeil et non sur ce silence qui réveillait en moi des peurs irrationnelles. Tous les bruits ne sont pas obligatoirement signes de film d'horreur ou de visites d'esprits. Par exemple, il est normal qu'un parquet craque ou qu'un courant d'air passe de temps en temps sans que les fenêtres soient ouvertes ; comme nous l'avons vu précédemment, chaque lieu est chargé de vies passées. Tendez l'oreille uniquement lorsque votre corps vous transmet le message que quelque chose n'est pas à sa place.

J'ai également pu constater que l'écriture était salvatrice : si une peur vous envahit, n'hésitez pas à noter tous vos ressentis et intuitions sur un carnet, ainsi que l'heure et la date de ces événements. Cela deviendra un outil précieux le jour où vous serez en totale osmose avec la voyance ou la spiritualité : vous verrez alors que ces bruits ou sensations n'étaient pas le fruit de votre imagination.

LE TEST

Pour vous, le silence est synonyme :

- 👁 D'introspection.
- ☞ De solitude.
- ✶ De bonheur.
- ☾ De tranquillité.

Quel est votre rituel du coucher ?

- 👁 Une tisane et hop, vous dormez.
- ☞ Le silence vous oppresse.
- ✶ Vous savourez le calme omniprésent.
- ☾ Vous êtes un oiseau de nuit et profitez du calme pour méditer.

Lors d'une conversation, il n'est pas rare qu'il y ait des blancs. Qu'en pensez-vous ?

- 👁 Parfois, se taire est la meilleure des choses à faire.
- ☞ Ces silences vous mettent mal à l'aise.
- ✶ Dans la vie, il y a les parleurs et il y a les penseurs.
- ☾ Vous adorez parler : les blancs ne vous concernent pas.

Quelle est votre routine du lever ?

- 👁 Vous allumez votre radio.
- ☞ Vous regardez votre téléphone.
- ✶ Les routines, c'est pour les gens du troisième âge.
- ☾ Vous savourez le silence matinal.

Êtes-vous sereine en l'absence de bruit ?

- 👁 Même entendre les mouches voler est de trop pour vous.
- ☞ Vous avez peur du silence.
- ✶ L'absence de bruit est le moyen idéal pour vous reposer.
- ☾ Pour vous, le silence est un précieux cadeau.

Pensez-vous que le silence est d'or lors d'une connexion spirituelle (lorsque vous tirez les cartes, par exemple) ?

- 👁 Sans ce silence, il est difficile de se concentrer.
- ☞ Le silence vous déstabilise.
- ✶ Il est important d'avoir un moment au calme.
- ☾ Ni le silence ni le bruit ne vous dérange.

Si le silence était une émotion, ce serait :

- 👁 La joie.
- ☞ La peur.
- ✶ L'énervement.
- ☾ La sérénité.

Lorsque vous êtes seule chez vous, aimez-vous être au calme ?

- 👁 Le calme est synonyme de paix.
- ☞ Vous ne pouvez vivre sans fond sonore.
- ✶ Cela dépend de votre humeur.
- ☾ Après une journée de travail ou d'activité, le calme est primordial.

Une amie vous offre un oracle divinatoire. Pour effectuer votre tirage, vous avez besoin...

- 👁 D'avoir un moment seule pour pouvoir vous concentrer.
- ☞ Que votre amie vous parle.
- ✶ De mettre de la musique pour vous concentrer sur le tirage.
- ☾ D'obtenir le silence autour de vous.

Pour vous, être à l'écoute du monde extérieur signifie :

- 👁 Être en osmose avec la nature.
- ☞ Écouter les gens vous parler.
- ✶ Être dans votre bulle, car vous êtes de nature introvertie.
- ☾ Apprécier chaque minute de votre temps passé à l'extérieur.

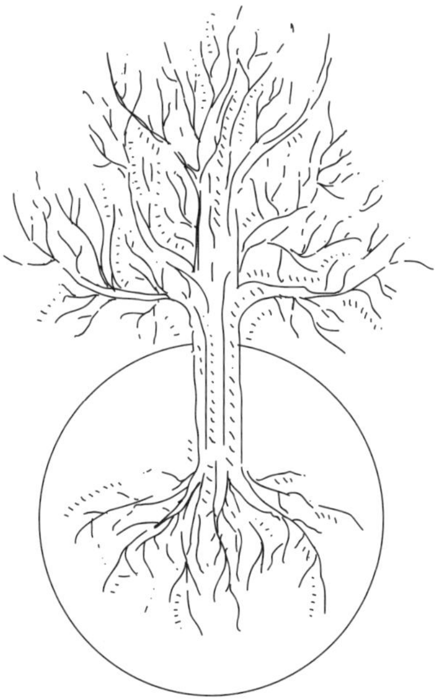

LES RÉSULTATS

Vous avez une majorité de

Le silence vous est très agréable : vous ne l'associez ni à la peur ni à l'angoisse, il est même important pour votre bien-être. Certains sons, doux et agréables, sont moins agressifs que d'autres, peut-être pourriez-vous en trouver un qui vous créera l'alchimie entre votre tranquillité et votre envie d'introspection ?

Comment trouver la parfaite alchimie entre la tranquillité sonore et l'introspection ?
À se procurer : un bol tibétain.
À mettre en place : testez le son du bol tibétain. Son chant vous transportera sans aucun doute vers une sphère de bien-être proche de la méditation transcendantale. N'hésitez pas à rechercher les différents types de sons que ces bols peuvent produire sur Internet.

Vous avez une majorité de

Vous n'êtes pas très tranquille lorsqu'il n'y a plus de bruit, et pour cause : vous vous imaginez les pires scénarios, l'angoisse monte et votre esprit part dans tous les sens. Vous ne vous laissez aucun repos. Néanmoins, le silence peut parfois vous aider à calmer certaines pensées, il n'est pas toujours synonyme de hantise et de visite parasitaire comme celle des entités. Laissez-vous aller grâce à de la musique classique au niveau sonore minimum de votre radio : cela vous permettra de vous sevrer doucement de l'état d'excitation perpétuelle dans lequel vous vous trouvez. Le silence pourra également vous aiguiller sur ce que vous souhaitez dans votre existence, car à force d'être sans cesse plongée dans le bruit, vous n'êtes plus toujours en harmonie avec vous-même.

Comment vous familiariser avec le silence sans tomber dans l'angoisse ?
À se procurer : absolument **rien** (pour une fois).
À mettre en place : tentez de vous imposer une heure creuse. Il est probable que, lorsque vous rentrez de votre journée de travail, votre premier réflexe soit de mettre de la musique. À la place, ce soir, ou demain, gardez-vous une petite heure sans bruit, juste au son de votre respiration, et accueillez ce merveilleux moment.

Vous avez une majorité de ✶

Vous souhaitez percer le secret du silence, et vous n'en êtes pas à votre première tentative. Vous êtes sur un merveilleux chemin qui vous mènera à l'écoute complète de ce qui vous entoure. Profitez de ces moments et de cette envie d'avancer sur le chemin de la clairaudience. Lorsque vous entendrez des sons, des voix qui vous paraissent irréelles, ne tentez pas de les refouler : au contraire, précisez-les ! C'est en travaillant sur votre don que vous le peaufinerez.

Comment ne pas confondre le mental et la clairaudience ?
À se procurer : votre meilleur outil est votre ouïe ; utilisez-la au maximum.
À mettre en place : le ressenti et la clairaudience ne font qu'un, c'est pour cela que la confiance que vous mettez au service de votre écoute est primordiale. Lorsque des sons viennent à vous dans un silence de plomb, fermez les yeux et focalisez-vous dessus. Ensuite, prenez le temps de noter vos impressions auditives quelque part, car elles auront un sens tôt ou tard. Ne soyez pas pressée : elles viendront à vous naturellement.

Vous avez une majorité de ☾

La méditation, c'est votre truc, vous adorez tout ce qui touche au développement de votre être et vous en êtes fière ! Le silence est un cadeau pour vos oreilles, vous aimez ne rien entendre et parfois vous mettre hors de la cohue sociétale. Vivre dans une forêt avec vos animaux vous conviendrait parfaitement, mais pour le moment, il vous faut trouver une pièce à vous pour pouvoir vous ressourcer tous les jours, car c'est vital et votre esprit vous le demande.

Comment vivre dans le silence en société ?
À se procurer : des écouteurs, un casque ou un bandeau épais à mettre sur vos oreilles.
À mettre en place : lorsque vous sortez de chez vous, n'hésitez pas à mettre un bandeau ou un casque sur vos oreilles ; il atténuera le bruit extérieur et vous permettra de demeurer au moment présent, avec vous-même.

PLACE AU RITUEL

Beaucoup d'entre vous souhaitent entendre malgré le silence : entendre des voix, des messages, capter l'invisible. Pour ce faire, munissez-vous d'une jolie bougie blanche. Respirez calmement et allongez-vous sur votre canapé. Aux premières coulées de cire, récitez : « Je laisse mes oreilles m'envoyer leurs messages. » Vous verrez que, au fur et à mesure, vous capterez des sons qui vous étaient auparavant inaudibles.

PLACE À LA PRATIQUE

Fermez les yeux, concentrez-vous sur le silence. Laissez votre esprit divaguer dans l'imaginaire et la rêverie. Attendez quelques minutes, puis ouvrez les yeux, respirez et recommencez. Peu à peu, vous allez laisser le mental de côté pour faire vivre votre faculté auditive spirituelle.

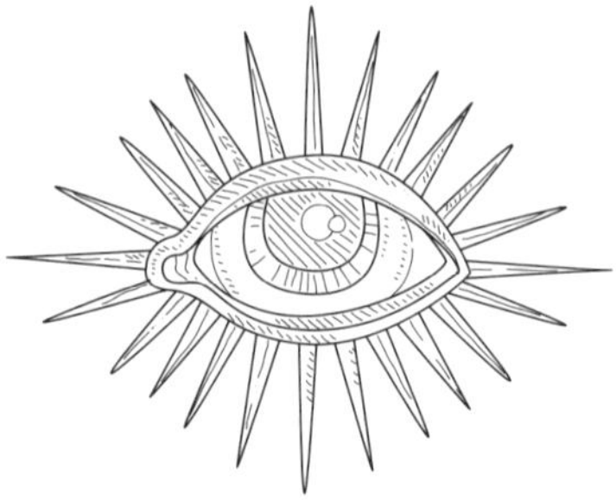

Test 3 ✷ Testez la musique qui vous sensibilise

Les différents rythmes et instruments sont étroitement liés à votre cœur. Votre rythme cardiaque est différent lorsque vous écoutez de la musique classique, du rock ou du rap. Chaque musique a un impact spécifique sur votre esprit, et certaines vous aideront même à développer votre potentiel spirituel, d'où l'importance de tester le genre de musique qui vous rend plus sensible. Par exemple, lorsque j'entre en méditation, j'adore le son du violon et du piano : j'ai l'impression de partir dans mes rêveries et de me permettre de recevoir les messages de mes guides.

Avez-vous remarqué que votre esprit s'apaise à l'écoute d'une musique douce ? Que si cette dernière est romantique, une sensation de nostalgie vous envahit ? Que, lorsqu'elle est violente et rythmée, elle peut soit vous détendre, soit vous agacer ? La musique fait danser votre esprit, vos pensées et votre cerveau, il est donc intéressant d'y prêter attention dans le développement spirituel. Pour se détendre et se ressourcer, certaines personnes utilisent la méditation, à l'aide de sons bien particuliers.

Il vous faudra donc trouver votre musique idéale lors de vos connexions. Êtes-vous prête à faire danser votre esprit ?

MON EXPÉRIENCE

Au début de mon exploration spirituelle, lorsque j'avais une dizaine d'années et que la voyance commençait à bien se développer en moi, je ne savais pas comment gérer cette capacité, ni comment faire la différence entre mon mental et la réalité, plus subtile. J'écoutais alors beaucoup de métal, car la sonorité de cette musique me permettait de me défouler intérieurement et de lâcher prise sur un sentiment que je ne contrôlais pas : le fait de perdre pied dans mes pensées. En évoluant et en mûrissant, j'ai écouté d'autres types de sons, plus doux, qui m'ont permis de me sentir en osmose avec mon être et en adéquation avec ma façon de vivre. Ce n'est pas le style de musique qui compte, c'est votre perception des sons, ce que votre esprit vous envoie comme message et ce que votre cœur vous transmet comme émotion à l'écoute de cette musique.

LE TEST

Pour vous, la musique est généralement synonyme :

- 👁 D'un moment à vous.
- ☞ D'une invitation à se défouler.
- ✶ D'une nécessité à votre bien-être.
- ☾ D'un rituel d'après séparation.

À vos oreilles, le rock est :

- 👁 Agressif.
- ☞ Relaxant.
- ✶ Nostalgique.
- ☾ Dynamique.

La musique classique vous donne envie de :

- 👁 Rêver.
- ☞ Dormir.
- ✶ Chanter l'amour.
- ☾ Vous évader.

Certains instruments de musique vous relaxent. Il s'agit :

- 👁 Du piano.
- ☞ De la guitare.
- ✶ Du violon.
- ☾ De la flûte.

Le son du bol tibétain ou du cristal est pour vous :

- 👁 Une relaxation intense.
- ☞ Le bol quoi ?
- ✶ Une torture nerveuse.
- ☾ Un voyage spirituel.

Pour vous, quelle est la symbolique de la musique ?

- 👁 L’évasion.
- ☞ L’art.
- ✶ L’amour.
- ☾ Le ressourcement.

Ressentez-vous le besoin d’être apaisée grâce à de la musique ?

- 👁 Vous adorez la musique pour vous apaiser.
- ☞ Vous n’aimez pas vous apaiser.
- ✶ Vous ne comprenez pas ce concept.
- ☾ Vous vivez en musique.

Quels sons font écho dans votre cœur ?

- 👁 Les sons aigus.
- ☞ Les sons graves.
- ✶ Les percussions.
- ☾ Le violon.

Parmi les films suivants, quelle musique vous a le plus marquée ?

- 👁 *Titanic.*
- ☞ *Grease.*
- ✶ *Dirty Dancing.*
- ☾ *Pitch Perfect.*

Avez-vous déjà pleuré sur une musique ?

- 👁 Jamais.
- ☞ Au moins une fois par jour.
- ✶ Toujours sur le même morceau.
- ☾ Vous ne comptez plus.

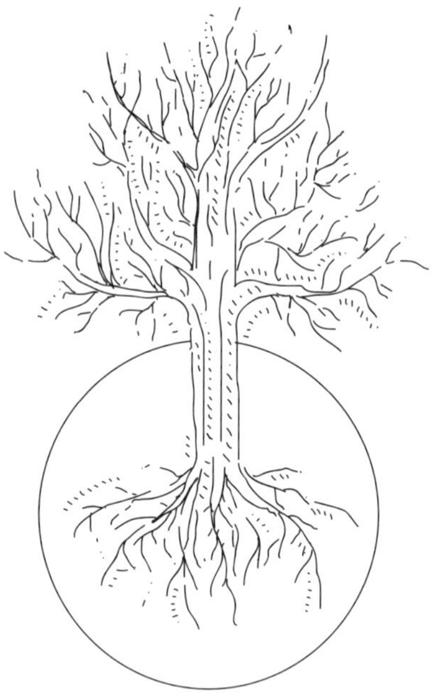

LES RÉSULTATS

Vous avez une majorité de

Zen, vous êtes zen ! Vous accueillez ce qui vous est offert, et la méditation et la relaxation sont un art de vivre que vous maîtrisez parfaitement. Vous êtes élevée sur les plans terrestre et cosmique, et les messages de vos guides naissent telle une évidence dans votre tête. Osez aller plus loin encore, car vous êtes prête à sauter le pas du ressenti et de la clairvoyance !

Comment canaliser les messages de vos guides ?
À se procurer : votre propre intention.
À mettre en place : placez votre intention dans le sens de la marche, en demandant à voix haute à vos guides de vous aiguiller sur votre chemin de vie et de mettre sur votre route des personnes et des événements qui ne feront plus qu'un avec votre évolution.

Vous avez une majorité de

Telle une *rock star*, vous voguez au rythme de vos envies et personne ne se met en travers de votre chemin. Vous êtes une fonceuse, vous avez la tête dure et, pour vous, la peur est à la limite de l'inexistence. Votre aura est placée en équilibre avec votre énergie vitale et vous savez exactement où aller et quoi faire. Quelque peu fainéante, c'est quand vous voulez et si vous voulez, et pas autrement. Il est largement temps de vous lancer dans ce que vous désirez au plus profond de vous.

Comment se lancer dans la clairaudience ?
À se procurer : un dictaphone, afin d'enregistrer le silence et vous concentrer sur l'écoute de votre respiration par la suite.

À mettre en place : vous êtes déjà dotée de cette faculté, mais vous n'en avez pas encore pris pleinement conscience. Pour y travailler, rien de tel que le silence (encore lui !). Concentrez-vous en donnant un but à votre demande, faites appel à vos guides (défunts, anges, univers, etc.) et demandez-leur de vous transmettre la clé pour avancer dans votre quête spirituelle. Plus les jours passeront, plus les signes toqueront à votre porte !

Vous avez une majorité de ✶

Vous êtes LA romantique par excellence ! Pour vous, tout est un signe, et le plus beau cadeau que l'univers puisse vous donner est la capacité à communiquer avec vos proches disparus. Vous êtes concentrée et assidue : l'apprentissage se fera donc aisément. Les plantes peuvent être vos alliées afin de bien vous protéger et de vous mettre dans une dynamique ésotérique calme.

Comment discuter avec vos défunts ?
À se procurer : de la sauge.
À mettre en place : la sauge vous protège et purifie votre lieu de vie ainsi que vos énergies. Pour commencer à discuter avec vos défunts sans tomber dans le pendant glauque du sujet, commencez par leur écrire une lettre, puis brûlez-la à l'extérieur de chez vous en visualisant les cendres qui représentent l'envol de vos messages. Restez attentive aux signes, car vous allez en recevoir !

Vous avez une majorité de ☾

Si je vous trouvais à Brocéliande avec une petite marmite et des potions, cela ne m'étonnerait absolument pas ! Vous êtes une druidesse dans l'âme. Écoutez-vous encore plus profondément, prenez le temps de vous intéresser aux plantes qui guérissent, aux rituels de protection et aux chants transcendantaux car, chez vous, c'est inné ! Donnez-vous la possibilité de vivre pleinement votre potentiel.

Comment préciser votre âme de druidesse ?
À se procurer : un bol et des herbes (romarin, eucalyptus).
À mettre en place : le plus simple est de vous procurer des livres sur les herbes magiques. À l'aide de ces dernières, vous serez apte à créer vos propres rituels de magie. C'est intéressant, mais également très amusant car vous allez passer de beaux moments à vous tester sur les bienfaits des herbes.

PLACE AU RITUEL

Ce rituel paraît très simple à première vue, mais il peut être plus compliqué à mettre en place si vous ne vous lâchez pas. À partir d'aujourd'hui, autorisez-vous à mettre de la magie dans votre vie : c'est une obligation pour vous amuser et la rendre plus colorée !
Au lever, placez-vous devant votre miroir. Regardez comme vous êtes belle, magnifique même, et comme vous êtes forte. Prenez le temps d'observer votre visage pour être en pleine conscience de ce que vous êtes. Commencez à esquisser un sourire – personne ne vous regarde, sentez-vous libre de le faire. Puis, répétez à voix haute : « Je suis la patronne de ma vie et, à partir d'aujourd'hui, je fais absolument tout ce que je veux. » Ensuite, prenez une douche et appréciez votre journée !

PLACE À LA PRATIQUE

Pour une fois, il n'y aura pas de réel devoir. La seule chose que je vous demande est de mettre en place les petits conseils donnés pour chaque réponse à ce test et de les peaufiner pour devenir une as de votre spiritualité !

POUR CONCLURE SUR LE BRUIT

Le bruit fait partie de notre quotidien ; il cesse uniquement lorsque nous dormons. Y prêter attention en journée ouvrira la porte à votre sensibilité et vous permettra de développer et sensibiliser votre ouïe à certains sons, notamment lors d'une consultation ou d'un tirage de cartes.
Certaines musiques vous feront vibrer, d'autres vous rendront nostalgique ; n'hésitez surtout pas à les utiliser comme support lors de méditations car, en ayant votre cœur ouvert à cette écoute, votre esprit décuplera votre état émotionnel et fera naître un don supplémentaire : la sensibilité extrasensorielle par le son.

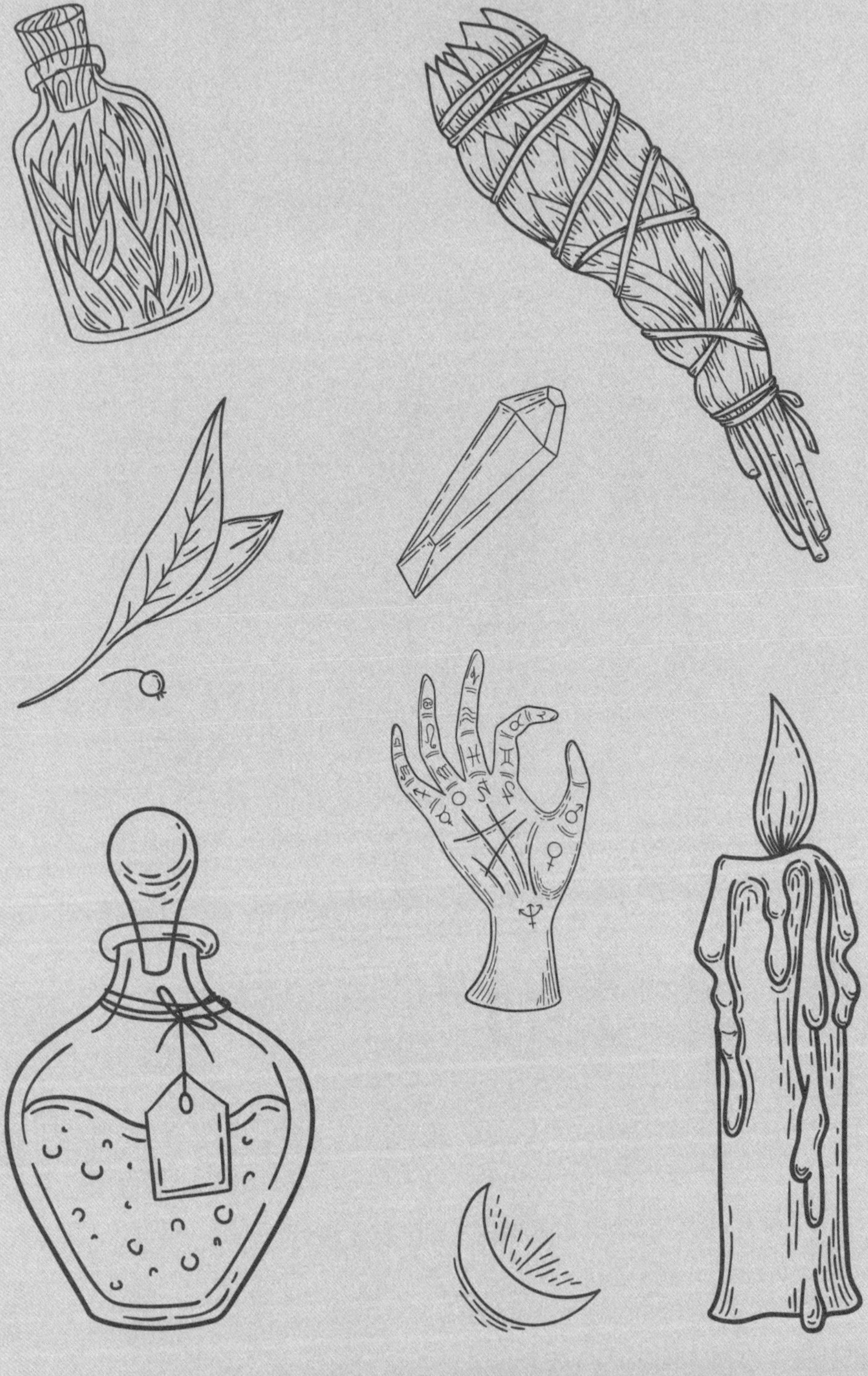

CONCLUSION

POUR CONCLURE

Vous avez passé tous vos tests avec succès ! Il ne vous manque plus qu'à mettre la pratique en place. Différents supports sont à votre disposition, comme les cartes divinatoires, le pendule, la boule de cristal ou encore la photographie. Le tout est de vous approprier le support qui résonnera le mieux en vous et de vous laisser aller à devenir la voyante qui sommeille en vous !

N'oubliez pas les trois éléments clés de votre pratique débutante :

- les cartes ou oracles divinatoires : il en existe pour tous les goûts et tous les niveaux ;
- les bols tibétains ou les bols en cristal peuvent vous aider lors de méditations et d'ancrages. Leur son forme une symphonie étonnante pour le corps et l'esprit ;
- la lecture vous aidera à savoir vers quel support vous diriger grâce à des conseils ou des témoignages. Les livres sont des puits de savoir.

À bientôt sur la route de la spiritualité !

NOTES

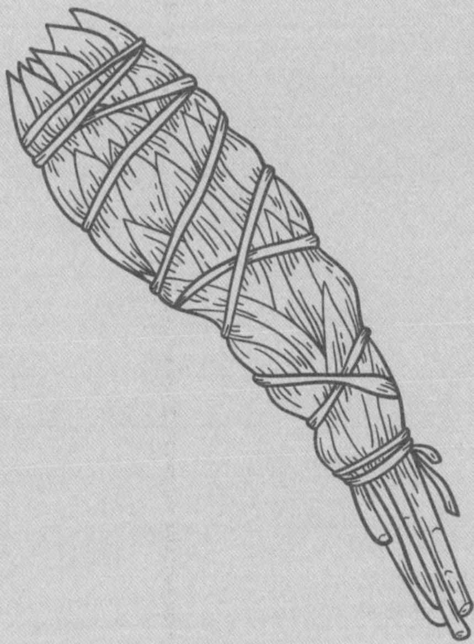

Dépôt légal : septembre 2021
Achevé d'imprimer en Union européenne par Typo'Libris en août 2021.